どの子も輝く教室のつくり方

学校法人茂来学園
大日向小学校長
桑原昌之

明治図書

はじめに

「人生という名のボールは転がり続ける」

そんな気持ちで毎日を過ごして今日に至っています。

私にとって「ボール」とは楽しむツールであると同時に、世界中の人たちとつながる大切なものです。物心ついたときからボールは私の日常の中にあり、サッカーやバレーボールを中心に様々な球技に親しんで育ちました。

昭和42年（１９６７年）に雪の会津で生まれ、東京都世田谷区、神奈川県秦野市で育った私の小学生時代のヒーローといえばプロ野球の長嶋茂雄さんや王貞治さんでした。暇さえあればプラスチックバットとカラーボールで野球を友だちと楽しむ毎日を過ごしていたのですが、そんな野球全盛の時代に私は「サッカー」に出会います。

苦しいこともたくさんありましたが、必死になってボールをつなぐ競技の世界に身を置いて、おかげさまで長らくプレーを続けることができたのは、ともに戦う仲間、選手それぞれの家族やＯＢの諸先輩方など、ご支援いただいた全ての皆様のおかげです。

試合を観戦すると出場している選手ばかりに注目が集まりますが、試合には出られない選手を含め多くのチームスタッフの存在があります。応援してくれる人たちがいて、そこには「ボールを中心にした一人ひとりの物語」があることを忘れてはいけません。

それでは、学校という空間はどうでしょうか。

実は、学校という空間でも「一人ひとりの物語」が毎日のように紡がれています。

そんな大切なことに気づくまで、随分と長旅になってしまったなと実感しています。

私が新採用として小学校教諭になったのは1992年のことです。勤務先が決まり、初めて子どもたちと会う前のドキドキとワクワクを今でも覚えています。

「毎日、子どもたちが楽しそうに笑顔で過ごせるような教室」を思い描いていたのですが、そうそう簡単にはいきませんでした。

当時は、いわゆる中堅の先生たちが職員室の大多数を占め、「わかる授業」を展開し、子どもたちが生き生きと過ごす学級経営をするモデルとなるような先生を見つけるのは容易なことでした。

「あのー、授業を見せてもらっていいですか」とお願いしたり、逆に「授業を見てもらえませんか」とお願いしたりしながら、あるいは教育系の書籍や雑誌、研修セミナーも含め、様々な先生たちのメソッドをまねては繰り返す毎日でしたが、何だかうまくいかない。

「どうしてうまくいかないのか」

思い悩んでいたところ、ヒントは意外なところに転がっていました。

それが、本書にも登場するスポーツの現場での話です。

得意分野でもあり、好きな分野でもあるスポーツを通して学んだことを学校現場で生かすことができることに気づいてから、日々の教室を振り返り、日々進化していくことを実感できるようになりました。

さらに、私は２０１２年の夏、オランダでイエナプランを学ぶ機会に恵まれました。イエナプランは、まさに「一人ひとりの物語」を大切にする教育です。ここで、私の実践は「スポーツマネジメント」と「イエナプラン」での学びがつながり、一本の筋が通っていくことになりました。現在私は、日本初のイエナプランスクール・学校法人茂来学園大日向小学校の校長を務めています。しかし、私は公立学校時代から、イエナプランの実践を少しずつ教室の中に応用する取り組みを続けてきました。「一人ひとりの物語」を大切にすることを軸に考えれば、私立学校でなくたって、できることはたくさんあるのです。

みなさんにもある「一人ひとりの物語」とはどんなものでしょうか。

生まれも育ちも、住んでいる場所も年齢や経験も違う皆さんが学校へ集い、子どもたちとともに毎日を歩んでいます。はたして個性の違いを認識し、それぞれのもつ得意なことや好きなことを思う存分に発揮できているでしょうか。

本書では、私の具体的な実践にも触れていますが、単なるメソッドとして模倣してもうまくいかないこともあると思います。

それでも、私自身の物語を共有することで皆さんがそれぞれの歩みを振り返りながら、ご自身の実践を考えるキッカケにしていただければ嬉しいという思いで書いています。

簡単にまとめてしまえば、本書が提供するのは次の3つです。

❶自分自身が大切にしていることは何かを再考する。
❷自分自身の得意なことや好きなことを仕事に生かす方法を考える。
❸「一人ひとりの物語」を大切にして生きることについて考える。

2020年2月　桑原　昌之

CONTENTS

第2章
個性を生かす環境・システムのつくり方

第3章 子どもが自ら動き出す学びのしかけのつくり方

第4章 パフォーマンスを高める教師自身の学び方

第5章 教師の個性が光る職員室のつくり方

第6章

ともに子どもを育てる保護者・地域の力の生かし方

第7章 教師として走り続けるための心と身体のつくり方

第1章

どの子も輝く教室をつくるマインドセット

「子どもたち一人ひとりの個性を大切にしましょう」

年度当初の職員会議や初任者研修，年次研修など，あらゆるところで口酸っぱく言われてきたことですが，これって簡単なことではありませんよね。

子どもたち一人ひとりの物語を大切にしながら，教師である自分自身の物語も大切にしたいものです。

まずは，自分自身のマインドセットを入れ替えることからスタートです。

1 まずは自分から

「主体的に行動する子どもたち」になるには常日頃から「全てのスタートは自分」であることを意識させることが大切です。何かを誰かにしてもらおうというスタンスでは主体的な行動が育まれるわけがありません。また、子どもたちの力を信じて、子どもたち自身が考えながら行動する場面を設定し続けることが重要となります。

そして何よりも私たち教師自身が他者や環境のせいにすることなく積極的に自らチャレンジし続ける姿勢をもって日々を送っていけたらいいですよね。

❶「まずは自分から」とは言うけれど

平成に入りバブルが弾ける頃に小学校教員としてキャリアをスタートした私ですが、**当初はなんの疑いもなく黒板を背にして子どもたちにあれやこれやと語り続ける教師**でした。

子どもたちは私の指示通りに教科書を開き、板書をノートに書き写し、指示された問題を解いていく。言われた通りに学び、「ちゃんとできた」または「できなかった」で評価される。

子どもたちにとっては、「言われたらやる」場面の連続で、与えられた課題をこなせばいいという空気が蔓延していきます。やがて「とりあえず、やればいいよね」というような姿勢になり、気がつけば、指示がなければ動かない子ばかりになっていきました。

❷「できないのは子どもたちのせい」なのか？

学習中に限らず、学校生活のあらゆる場面で「言われたらやる」という環境設定なのに、やる気の見られない子どもたちにイライラする日々が続くようになります。

そのたびに「なんでやれないの？」「もっとやる気を出そう」「まずは自分からやろうとしないとダメだよ」と叱咤激励し続けていましたが、改善する気配は一向にありません。

それもそのはずで、前述のように子どもたちが主体的に動ける環境ではなかったですし、私自身が「できないのは子どもたちの問題だ」と捉えてしまっていたのでした。恥ずかしながら完全に責任転嫁です。こちらのやりたいことに子どもたちが合わせてくれているわけですから、彼らだって楽しいわけがないですし、主体性を発揮するなんてことはできるわけがありません。

❸「まずは自分から」を胸に刻んで

ある日の放課後、先輩が発した言葉にハッとさせられます。

「まずは、あなた自身が主体的に行動する必要があるよね。それから、子どもたちがやらないのは彼らのせいなのだろうか。違うと思うよ」

これには続きがあります。

「授業中に騒がしくなるのは、授業が単純につまらないだけかもしれないでしょ」

「ちゃんとやろうとか言わなくてもやりたくなるものを用意できていないんだよ」

「まずは自分からってことを先生自身が胸に刻んでチャレンジしなくちゃね」

というアドバイスです。

そういえば、スポーツでもプレーの責任は自分自身にあります。

サッカーでボールを相手に奪われた場合、味方選手のパスのせいにしたり、グラウンドの状態が悪いからとか環境のせいにしたりするのはおかしいですよね。

一流と呼ばれる選手ほど、雨でぬかるんだピッチ上でもプレースタイルをいかんなく発揮するものです。

ですから、目の前の子どもたちがどんな子どもたちであれ関係はないのです。自分自身がどのように子どもたちと向き合うのかという覚悟をもっているかどうかが、運命の分かれ道というわけですね。

うまくいかない原因を子どもたちのせいにするのは簡単ですが、それでは教師としての成長は見込めません。

なんでそんなことに気づかなかったのかと恥ずかしくなりましたが、**「まずは自分から」を強く意識することで教室の空気が劇的に変わっていく**ことにつながります。

Point

何をするにも「まずは自分から」を胸に刻んでおこう。

2 変えられるのは自分だけ

なかなかうまくいかない学級経営や授業にイライラして、その原因を子どもたちのせいにしてしまったり、あるいは学校全体の環境のせいにしてしまったりすることがあります。他者のせいにしてしまえば気持ちも楽になるからかもしれません。

でも、「まずは自分から」を強く意識して行動するようになると、他者や環境のせいにすることが減っていきます。そして、「今の時点で自分ができることはなんだろうか」と考えるようになります。

❶ 他者や環境のせいにしない

授業中におしゃべりを繰り返す子どもたちに「静かにしなさい」と言い、挙げ句の果てに「やる気がないのなら廊下に出ていたらどうかな」なんて、今思えば酷いことを伝えてしまっていたこともあります。

私自身の頭の中に、子どもたちの学ぶ姿の基準みたいなものがあって、そのイメージから逸脱する子どもたちを注意するというようなことをしていたのです。

「自分は授業も滞りなく進めている。できる・できないは子どもたちの問題だよね」と自分自身の在り方を振り返ることもなく子どもたちのせいにしてしまっていたのです。

❷ 子どもたちだけに改善を求め続けて

若かりし頃の私は、「理想の児童像」ならぬ、「自分にとって都合のよい子どもたちの姿」ばかりを思い描いていました。

「背筋をピンと伸ばして、黒板の前に立つ私の話をしっかりと聞いている」「課題が提示されれば手を真っ直ぐにあげて答えを大きな声で教室中のみんなに分かるように伝える」「給食や掃除などの当番活動も自ら進んでグイグイとやる」

多くの基準が私自身の中にありましたが現実とは程遠い。話を聞かない子は多数。課題を出しても誰も手をあげない。当番活動はサボり続ける。そんな状況ですから子どもたちに改善を求めるような説教タイムも頻繁に行われました。

自分自身の改善点などには目を向けることができていなかった頃です。

❸「変えられるのは自分だけ」

そんなある日のこと、よくお世話になっていた飲食店に書かれていた**「変えられるのは自分だけだよ。がんばれ！」**という文字にハッとさせられました。できない理由を他者のせいにしたり、環境のせいにしたりということから脱却を図ろうとしていた私にはタイムリーな張り紙でした。

この張り紙を目の前にして、サッカーやバレーボールのアマチュアプレイヤーとしてプレイする自分を振り返ってみました。どちらもパス交換して仲間と楽しむスポーツですから、シュートにつながる最良のパスが来ないとか、タイミングよくアタックを打ちやすいトスが上がってこないことが多々あるのです。そんなとき、ついついパスやトスを出す相手のせいにしたくなるのですが、よく考えてみると最高のパスやトスを受ける私自身の準備に課題がありました。相手から私の状況はどう見えているのかなどを考えながらプレーすることで相互に好循環が生まれます。もちろん相手がミスをすることもありますが、まずは、自分の責任として動くことを意識すると格段にプレーしやすくなったのです。

どんなことも急に劇的に変わることなどないのと同じで、子どもたちとて一気に変化するわけはありません。そう簡単に変化が見られないことにイライラしてしまい、そんな感情が子どもたちに伝われば更にややこしくなってしまいます。

そこで、**「まずは自分から」を肝に銘じつつ、教師としての基本姿勢を見直す**ことにしました。

自分を変えるためには、まずは現状分析をじっくりとすることです。「何ができているか」「なぜ、できているのか」「何ができていないのか」「なぜできていないのか」を書き出して、仲間にも手伝ってもらい自分自身のことを明らかにしていきます。

心がけたのはネガティブな方ばかりに目を向けないことです。ちょっとしたことでもできていることを書き出して、仲間からもポジティブなフィードバックをもらうようにしました。そうしているうちに**「本当はどうありたいのか」という理想の姿とのギャップが鮮明になり自分の行動を変化させるヒントを見つけられる**ようになっていきました。

Point

「変えられるのは自分だけ」を意識してできることにフォーカスしよう。

3 ビジョンを描く

1年間担当する学級が決まって児童名簿を眺めつつ、「こんなクラスにしたいなあ」ってボンヤリと考える4月。子どもたちの実態をつかみつつ、ソロリソロリとスタートして、気がついたら1学期が終わろうとしているなんてことがありますよね。

卒業式や修了式を迎える最終日に、子どもたちにはどんな力がついて、どんな感情で教室を後にするのでしょうか。**子どもたちとともに明確なビジョンを描くことが大切です。**

1 曖昧な目的地

新年度となる4月。ワクワクとドキドキが交錯しながら、まだ見ぬ子どもたちのことを考えているうちに始業式がやって来て担任発表が行われます。名前が呼ばれた瞬間に子どもたちと私の物語がスタートします。

私が若い頃は、私自身の世界観で子どもたちのことを考えるだけで、彼ら自身がどんなふうに過ごしたいのかというところまでは頭が回りませんでした。「明るく元気な子どもたち」などという言葉を学級経営計画に記して提出し、私自身はテレビドラマに出てくるような子どもたちから慕われている教師像をボンヤリと描いているだけでした。いつでも黒板の前に立っている自分のイメージばかりが頭の中にありました。

2 目的地はどこにあるのか

私のクラスにも「明るく元気なクラス」「笑顔があふれるクラス」と学級目標らしきものを黒板の上に掲げていました。学級委員を中心に話し合って決めたものの、なんだか曖昧なまま毎日が過ぎていきます。そもそも「明るく元気」「笑顔があふれる」というのはどんなことなのか、なんだか曖昧ですよね。子どもたちも、毎年４月当初のイベント的に行われる学級目標づくりに、うんざりしていたのかもしれません。

3 ビジョンを描いてみよう

全ての行動には目的があります。その行動の先にある価値も考えながら、その先にある未来をしっかりと想像することが大切です。そのためにもビジョンを明確に描いて誰にでもよく分かる言葉を掲げておきたいものです。

私が応援しているJリーグクラブの1つ、湘南ベルマーレは、「人生と地域を豊かにする、スポーツ文化が根ざしている世の中」というビジョンを掲げています。この明確なビジョンをもとに「たのしめてるか。」をクラブスローガンに掲げています。これは選手・クラブ職員・サポーターなど湘南ベルマーレを愛する全ての方に共有されています。学級のビジョンも、このように分かりやすい言葉にして教室に掲げ、共有したいものです。

とはいえ、教師である私自身の思いを先に述べてしまっては、子どもたち自ら思い描くべきビジョンを、私の思いを汲んだものにさせてしまう可能性があります。

そこで、毎年、4月の早い段階で**「未来作文」**を書いてもらい、そこから大切なキーワードを抽出して学級のビジョンを作成することにしました。

6年生だったら「卒業式の日」に自分自身がどうなっているのか。どんな気分でいるのか。みんなはどうなっているのか。どんな表情で卒業式を迎えているのかをできる限り鮮明に作文にあらわしてもらいます。書き終えたら読みあって、みんなが大切にしたい共通のキーワードを探していきます。

具体的な進め方は次の通りです。

❶ミニホワイトボードに１人ずつ大切にしたいキーワードを書き出します。思いついた言葉をどんどん並べてみよう。（７分）
❷次にその中からベスト３を選んでみよう。（３分）
❸最後は画用紙に好きな色のペンで書いてサークル（p.42参照）に集まってね。（１分）

それぞれの子どもたちが大切にしている言葉を、みんなで共有しつつ、いつでも見ることができるように教室後方の高い所に貼っておくことで、それぞれが思い描く教室のビジョンを頭の中で描くようにしていきます。

Point

一人ひとりの思いを大切にしながら、ビジョンを描いてみよう。

4 子どもの得意なこと・好きなことを見つける

「得意なこと・好きなこと」に触れていると心地よいものです。例えば、サッカーでも、ドリブルが得意な選手は思いっきりドリブルをしているときが一番気持ちいいでしょう。しかし、なかなかそうもいかないものです。「あれができていない、これもできていない」と、自分自身を振り返って苦手意識ばかりが膨らんでしまうことがあります。

学びの場でも、得意なことや好きなことからスタートすると、いいエンジンがかかることがあります。

❶ 得意なこと・好きなことは何かな？

新学期になると、決まって自己紹介カードなるものを子どもたちに書いてもらっているのではないでしょうか。

みんな同じフォーマットの用紙を使い、名前から始まり、得意なことや好きなことを友だちに知ってもらうために書いていきます。「サッカー」「バスケットボール」などのスポーツ、「ピアノ」「絵を描く」などの音楽や芸術について書かれていたり、「ゲーム」「読書」などと書かれていたりすることがよくあるパターンですね。

その中には「得意な教科」「苦手な教科」というのがあるのではないでしょうか。

若かりし頃は「うーん…○○さんは算数が苦手なのか。なんとかしなくちゃいけないな」なんてことを考えて苦手な教科の克服に全力を尽くすようなことをしていました。ここはできないんだから頑張って自信をもたせようという思いが強すぎて、すっかり子どもたちの得意なことや好きなことを忘れてしまっていた気がします。

2 苦手克服よりも得意なことを伸ばす

長らくジュニアサッカーの現場にもいた中で気づかされたことがあります。

小さな子どもたちがサッカーを楽しいと感じるのは、自分の得意なプレーでゴールを決めたり、相手のボールを奪ったりする瞬間なのです。私自身は小学校時代から身長が高く小回りの利かない選手だったためドリブルは決して上手ではありませんでした。当時はブラジルのサッカーが日本に紹介されてドリブルの上手な選手がテクニシャンとして尊敬されるようになっていた時代でした。もちろん、私自身も一生懸命にドリブル練習もしましたがなかなか上達はせず、長らくBチームで過ごしていました。

ある日、監督と話をしているうちに、自分の得意なことはシュートだということを理解しました。そして、テレビで観る海外の選手みたいにゴールを決めたら派手なパフォーマンスをすることが好きなことにも気づき、ゴールが見えたら、どこからでもシュートを打つことに目覚めてからはAチームに昇格、サッカーも大好きになりました。

❸ 得意なこと・好きなことを見つける

苦手克服ばかりに追われていたらサッカーそのものが嫌いになっていたかもしれません。

私は現在、サッカーをきっかけに他の多くのスポーツを通じて多くの人たちとつながりをもつことができています。もしもあのときサッカーを辞めてしまっていたら、このような多くの人たちとのつながりもなかったのではないかと思うとゾッとします。

好奇心をもってサッカーに熱中している子どもたちがいるのに、コーチなど大人たちが一定レベルの競技力で評価するために、苦手分野を克服することを優先するというような風潮が未だにまかり通っているのは残念でなりません。

同じようなことは教室でもありますよね。

まずは、得意なことや好きなことを大切にしながら「学ぶ楽しさ」をとことん味わってほしいものです。せっかく学校に楽しみに来ているのに、苦手克服のために多くの時間が割かれてしまっているのだとしたら、だんだん学校そのものが嫌いになってしまいます。

そう考えるようになってから、得意な教科で頑張っていたり、好きなことを楽しんでいたりする場面を見つけては、「やるねー」とか「さすがだねー」とポジティブな言葉がけをするようになりました。そして、苦手なことに関しては、**「どうすればよいかな？　一緒に考えようね」「そうだ、〇〇さんは得意だから、いいアイデアをもっているかもね。聞いてみよう」**などと声かけをするようにしていました。私たちは、ついついネガティブなことばかりに目がいきますが、**まずは、とことんポジティブな面を探して認めていきましょう。**そうすれば、子どもたちにとって学校が楽しいところになること間違いなしです。

Point

得意なことや好きなことを大切にすることが、成長への近道！

5 一人ひとりの基準を尊重する

金子みすずさんの有名な詩「私と小鳥と鈴と」に、「みんなちがってみんないい」というフレーズが出てきます。

この詩を子どもたちに紹介したこともあるのですが、若かりし頃の私といえば、名ばかりの「みんなちがってみんないい」という姿勢でいたのが正直なところです。

理想の子ども像を思い描き、子どもたちには、理想の通りに行動するように求めてしまっていることはないでしょうか。

①「みんなちがってみんないい」と言うけれど

若かりし頃の私のクラスは「明るく」「元気」「よく動く」と言われるようになりましたが、一人ひとりの個性、みんなのもつ多様性を生かしながら歩めていたかというと、今でも大きな疑問が残ります。

ジュニアサッカーの現場でも同じように、理想の選手像が語られることがありました。ありがたいことに秦野市のトレセン活動や神奈川県サッカー協会の役員をさせてもらっていた関係もあり、多くの指導者の方と話をする機会に恵まれました。試合の合間や試合後に選手育成や普及について熱い議論を交わし、学ばせてもらいました。

その中でよく出た話が、**同じような選手がたくさんいてもチームとして結果は出ない。**

そして、**選手の将来を考えたときに１つのモデルを押しつけるのはナンセンス**だということです。

❷ ちがいがあるから面白い

確かに、みんなメッシ選手のような技術をもち、観客を魅了するプレーができるのは素敵なことです。でも、**もともと身体的な特徴である身長や骨格、筋肉の構造などは誰一人として同じ人はいません。**

ですから、みんながメッシみたいになることを目指すような風潮がまかり通ってしまうと、サッカーを楽しむにも窮屈になってしまいます。

学校現場にも、先に述べたようなスーパースターを求めるような風潮が未だに蔓延しているのではないでしょうか。
朝は元気に挨拶をして登校する。授業中は背筋をピンと伸ばして教師の話を聞く。発言はハキハキとして、課題にも一心不乱に取り組む。もちろん、宿題も忘れることはないし、テストもいつも100点。足も速いし、スポーツも万能で人気者。まさに「文武両道」を絵に描いたような優等生。これらは目に見えるような力であって、少しでもできることが多ければ嬉しいかもしれませんが、教師がこういった価値基準しかもたずに子どもたちと過ごすと教室が窮屈になってしまいます。

❸ 多様性を生かす教室にするために

私たち人間一人ひとりは、誰一人として同じ人はいません。生まれたところも違えば、育った環境も違います。得意なことや好きなことも、それぞれが違うわけです。

ドラえもんに登場するキャラクターを見てもそうですよね。全ての子どもたちが出木杉くんだったら、物語は成り立ちません。のび太くんもいてスネ夫やジャイアンがいてしずかちゃんたちがいて、はじめて成り立つわけです。世の中は多様性に満ちているのです。

ですから、**なんらかの基準に当てはめて子どもたちを見るのではなく、その子にとっての基準からスタートする心構えを大切にしたいものです。**

例えば、学習中に集中できずにいる子を発見したら、皆さんはどうするでしょうか。若かりし頃の私は、「みんな集中して学習するものだ」とだけ考えていて、即「何をしているんだい？　今は学習に集中しよう！」と注意をしていました。声をかけられた子はハッとして学習に戻りますが、注意されたから仕方なくやっているに過ぎません。

でも、子どもたち一人ひとりのちがいを認められるようになってからは、**「ん？　どうしたのかな。なんか気になることある？」**というように、**目の前の子に何が見えているのか、今、気がかりなことは何かを捉える**ようにしました。そして、子ども自身が、今の自分の状況を認識して自ら行動を変えていくように心がけること。たとえ、サボっているように見えても、それはダメだと判断するのではなく「どうしたのかな？」と**子どもの視点に近づく**ことが大切です。誰一人として同じ人間はいないのですから。

Point

多様性を生かすために、一人ひとりのちがいを認めることから始めよう。

6 子どもたちの力を信じ切る

毎日、教室で子どもたちと過ごしていると学習活動中を含め学校生活のありとあらゆる場面で子どもたちにさまざまな期待を寄せるものです。掃除の時間はテキパキと動いて時間通りにバッチリと綺麗な学校になるとか、給食の配膳も時間通りに円滑に進んでいつも完食だとか。学習中も課題をバッチリ終えることができるとか。

「さあ、やってみよう。キミたちなら大丈夫。ちゃんとできるって信じているよ」と伝えつつ、どこか不安で仕方がなかった若かりし頃の自分がいました。

❶「みんなの力を信じているよ」と言っているのに

言葉とは裏腹に、「ちゃんとできないんじゃないか」と子どもたちを信じていない自分と「できなかったら説教だな」と安易に考える自分がいたのです。

「キミたちならできる」「この試合、絶対に勝てる」「自信をもっていこう」と選手たちをピッチに送り続けたジュニアサッカーの現場。数えきれないほどのベンチワークで、冷静に子どもたちを見ることができたのは何試合あったでしょうか。**駆け出しの頃の私はプレーの一つひとつに注文をつけて、ずっと指示をし続けるような指導者でした。**せっかく試合をするのですから勝利することが最優先。おまけに保護者の皆さんをはじめ関係者の皆さんからのプレッシャーもありましたし、主要大会はトーナメントなのでヒートアップしたことも度々ありました。当時の選手たちには申し訳ない気持ちが今も残っています。

2 信じることの難しさ

それでもトレセン活動や、指導者講習会などで学び続けた結果、**子どもたちの力を信じて待つことの大切さを知る**ようになります。

私たち教師は、多少なりとも子どもたちより物事が見えているつもりになって、ついついあれこれと教えたくなる。ちょっとした現象を捉えては、活動を中断させてついついこちらの思いを伝えてしまう。ですが、もっと、じっくりと**子どもたちが考える時間を保障してあげられたら子どもたちもより自主的に動き続けることができるようになります。**

「今はこうだから、こう改善しよう」と指示するのではなく、**「今はこうなっているよ。どうすればいいかな？　みんなで考えてみよう」と、ともに考える姿勢を貫くのです。**

❸ 子どもたちの力を最後まで信じ切るために

オランダのイエナプラン校でスクールリーダーとしての研修をしていたとき、学校で小さな女の子が青い箱を運びながら教室へ向かっている光景に出会いました。どうやら20名分のミルクやジュースが入っているようです。もうすぐ「おやつタイム」なので一生懸命に運んでいます。彼女にとって、その箱はとても重そうに見えます。時々、床に下ろしては腕をブラブラとしてから再び持ち上げる。**「手伝ってあげようかな」なんて思いましたが、グッと堪えます。**長い廊下を歩いて、ようやく教室に到着した彼女はホッとした表情で達成感に満ちあふれていました。翌日は、玄関前に置き去りにされたコンクリートのブロックを、どう考えても重そうなのに、小さな子どもたちが自分たちだけで片付けている光景に出会いました。「落としたらケガをするかもしれない」そんな心配をよそに子どもたちは一生懸命に運んでいきます。

私は勝手に子どもたちの力を決めつけてしまっていました。「重たそうなもの」「小さな

子ども」というだけで「ムリなんじゃないか？」と…。

似たようなことって、よくあるのではないでしょうか。「苦手だからムリだよね」「まだ小さいからムリだよね」「前もできなかったからムリだよね」。

子どもたちが「やってみたい！」と思っても勝手に大人が解釈してしまう。

ところで、私には既に大人になった３人のサッカーボーイズ（息子たち）がいます。彼らの成長過程でも、似たような場面は多々ありました。どう考えても突破できないだろうと思う場面でドリブルで相手を翻弄したり、どう考えても届かないだろうと思う場所からロングシュートを決めたり、どう考えても勝てないだろうと思う相手に勝利したり。

つまり**「できない」というのは、大人である私の勝手な思い込みだった**のです。自由にプレーする時間が増えると彼らはいい意味で期待を裏切ってくれます。私も、手取り足取りの指導をいい意味であきらめました。「好き勝手にやればいいじゃん！」と自由にする時間を増やしていくことにしたのです。

そうこうしているうちに、**子どもたちは私たちの想像を超える成長を遂げます。**

「あー！　そんなことできるのか」「うわー！　そこへ行くのか」「うぉー！　すげー！」と思わず叫んでしまうような成果を「勝手に」あげていくのです。もちろん、困ったときにはサポートします。でも、やってあげたり、すぐに答えを与えたりはしません。**「どうすればできるかな?」「こうしてみるよ!」「おーー! そうか、やってみたらいい」**と、声をかけるのみです。たとえ、そこで失敗するだろうと分かっていても絶対に教えません。できなければ、また考えればいいのですから…。

「子どもたちの力」を決めてしまうのは、実は私たち大人の頭の中の解釈によるものなので、本当に気をつけないといけません。**子どもたちだけに任せていると、なかなか進まなくて大人がイライラすることもあります。**子育てや学校でもよくあるシーンを思い出してみてください。時間に余裕がないからなのか、子どもたちの行動を待ってあげられない。子どもたち同士のトラブルに口を挟みすぎる。どうしても指示してしまう。そんなことってあると思うのです。でも、それは、**子どもたちの力を信じていないということ**かもしれません。**子どもたちは、できるようになりたいし、やりたいようにやってみたい。**そうやって失敗を繰り返しながら成長するのです。自ら根っこを伸ばそうとしているのに止めてはいけないのです。だから、じっくり待つのです。

Point

「可能性は無限大!」子どもたちの力を信じ切ろう。

第2章

個性を生かす環境・システムのつくり方

子どもたちの個性が生きる教室とはどんな教室なのでしょうか。一人ひとりがその子らしくいられるような安心して過ごせる空間があったら学校は楽しいところになるはずです。

そんな教室づくりに欠かせないものはなんだろうか。そんなことを考えつつ学校を起点にヒントを求めて教育分野の本を読んだり研究会に参加してみたりしましたが，なんだかしっくり来ない日々を送っていました。

しかし，ヒントは意外なところにあったのです。

1 サークルをつくる

既存の教室では、教壇が前にあり、子どもたちは前に立つ教師をほぼ同じ向きで見つめることになります。明治の学制発布以来の講義型スタイルの、皆さんにもなじみ深い座席配置です。一番前に座れば教師の目の前ですが、一番後ろに座ればクラスメイトの頭の向こうに教師や黒板があり、更に教師との距離もあるので困ることもありますよね。さらに旧来型の座席配置だと、**よほど気をつけてグループ学習を取り入れないと限られた友だちとしか話すことができず、コミュニケーション不足に陥ります。**

❶ 前にいる教師に正対すると

私たちにとってもお馴染みの講義型スタイルの座席配置は、**座る場所によって教師との距離に違いができてしまいます。**さらに、非常に対話のしにくい配置でもあります。授業中はどうしても教師と子ども1対1のやりとりになりがちなうえ、全員が前方を向いているので、子どもたち同士で顔を見合わせるというような機会も多くはありません。**よほど意識して対話へつながるような関係性づくりを心がけないと、子どもたちのコミュニケーションは活性化しません。**

❷「対話しましょう」と言われても

講義型スタイルの座席配置は、教師と子どもたちの間に物理的に距離が生まれてしまいます。そして、子どもたち同士の間でも心理的な距離が自然に生まれてしまいます。そのような中で「対話しましょう」と言われても、簡単に活発な話し合いなんてできませんよね。

授業中、子どもたち同士が話し合う時間を設定しておいてもなんだか静かです。子どもたち同士が気軽に話し合えるような空気が醸成されていないのに、「しっかり話し合ってね」なんて言ってしまっては、残念ですよね。

3 気軽に「サークル」をつくってみよう

気軽に話し合える空気をつくるには、スポーツで言えば円陣、中華料理店であれば円卓のように、**お互いの顔が見やすいスタイルにするだけで、コミュニケーションが活発になり、対話の生まれやすい環境設定ができる**と考えました。そこで、**教室中央にサークル型のベンチを置きました。**

2012年の夏に視察したオランダのイエナプラン校で見たことをヒントにしたのです。教室にベンチを置きたいと思い、早速、校務整備員さんに相談し、設計図をもとに地元の材木店に材料を用意してもらいました。当時の校長先生には、「実験として、しばらくベンチを置かせてください。

教室に置かれたサークルベンチ

ダメなら引き上げますので」とお願いをしてなんとか導入することができました。

朝の会や帰りの会はサークルベンチに集まって全員で車座になって話をします。お互いの顔が見える形で座ることができるのがなんともいい感じです。導入した直後は、子どもたちはなんだか恥ずかしそうでしたが、徐々に慣れてきて、いつしか集まることが当たり前になっていきます。休み時間の遊び場にもなったり、学習スペースにもなったりと、頻繁に使われる場所となりました。やがて、子どもたち同士の関係性がよくなってきていることを実感することになります。

「ベンチなんて導入できないよ」という方が大半だと思いますが、安心してください。**スペースさえ見つければサークルはできます。**机を少しだけ寄せて床に座っても、十分にサークルは生まれます。また、**全員で集まるだけではなく、時と場合に応じて数名ずつでサークルをつくる機会をつくってみましょう。頻繁に顔を合わせることで、圧倒的な対話量を生み出すことができるようになります。**

Point

いろんな場面で気軽に「サークル」をつくってみよう。

2 「対話」の前に「会話」の機会を増やす

全国にあるほとんどの教室は、未だに従来の一斉授業スタイルを踏襲し続けているのではないかと思います。学制発布以来の教室スタイルは健在。今なお先生が黒板の前に立ち、子どもたち全員で先生を見つめるという状況の中で、2020年度からスタートする新学習指導要領では対話的な学びも求められているわけですから大変です。

これまでの実践を通して、**「対話」の前に「会話」をたくさんする環境**が教室の中にあると、妙に力を込めることなく、ごく自然な対話的な学びができるのではないかと実感しているところです。

❶「話し合ってみてください」と言われても

全国各地の学校で研究授業が行われていると思います。

私の勤務していた神奈川県伊勢原市の学校でも、学校研究をはじめとして、初任者研修や年次研修で盛んに研究授業が行われていました。

私も皆さんと同様に自身の授業を公開して同僚の先生たちから御意見をいただいたことが多々あります。若かりし頃の国語の研究授業、5年生担任だった私は「大造じいさんとガン」を選びました。「残雪に対する大造じいさんの思いは？」というテーマで話し合う時間を設定しましたが、なんだか盛り上がりません。ひょっとして文章の読ませ方が悪かったのかなと慌てたものです。ところが当時の指導主事の先生は授業後のフィードバックで意外なことを伝えてくれました。

「先生、授業の流れはよいのですが、子どもたち、日頃から十分な会話ができているのかなって感じましたよ」そう言われてドキッとさせられたのです。

❷ 一斉授業スタイルのままだと

私の教室でも長らく2人1組で前を向くスタイルでした。横4列、縦4から5列で概ね35名程度のクラスばかりでした。

朝、子どもたちは登校してきて前を向いて座り、やがて朝の会がスタートします。一番前の列の子は日直さんたちの顔がよく見えますが、最後列の子どもたちからは距離もあり、前の子どもたちの後頭部が邪魔をします。そして、みんなが前を向いているので、お互いの顔はよく見えません。

そんなスタイルですから授業中も「隣の人と話し合ってみて」とか「前後の人たちとも話し合ってみて」と指示するしかありませんでした。もちろん、机を動かしてグループで意見交換をするなんてこともありましたが、頻繁にというわけにはいきませんし、話し合う状況は意図的につくり出さなければなりませんでした。お互いの関係性ができていない子同士だと何も話をせずに黙って時が過ぎていくだけなんてこともあり、こういった状況は私の頭を悩ませていました。

❸ お互いの顔が見えるスタイルへ

ジュニアサッカーの現場では、よくサークルになってグラウンドへ腰を下ろして座って話すなんてことがありました。試合前に円陣を組んだりするので比較的自然な形なのだと思います。指導を重ねるうちに2008年にJFA（日本サッカー協会）が主催するスポーツマネージャーズカレッジ（以下SMC）本講座を受講する機会に恵まれました。よく

Point

たくさん話ができる環境設定を考えてみよう。

ある研修講座は、いわゆる一斉授業スタイルで講師の話を聞き、少しだけ自分たちの意見を述べるだけで、眠くなってしまうこともありました。ところがSMCでは自分たちが主体的に活動できる研修で、対話中心なので眠くなったりしませんでした。お互いの顔が見えることがある意味でよい緊張感を生んでいたのかもしれません。そこで、**教室の座席配置を4人1組のアイランド型に変更しました。**教室においても相互の顔が見えると徐々に安心感が生まれていきます。もちろん、最初のうちは恥ずかしかったり、なんとなくギクシャクしたりしますが、サークルや4人組で座ることが慣れてくるとやがてそんなことも消え、日常的な会話が増えていきます。

3 リスペクトで子どもをつなげる

子どもが感じたことや考えたことを共有させたいとき、グループ活動を設定するのは有効な手段の1つです。私も、一斉授業スタイルで一般的な授業展開（「はじめ」「なか」「おわり」など）を行いつつ、その中でグループ活動を設定することはよくありました。

しかし、子どもたち同士、なんだか静かで対話どころじゃないということはありますよね。それは、**子どもたち同士の関係性が十分ではないから**なのです。

子どもたち同士の関係性は、小手先の方法論で築けるものではありません。授業内外での様々な関わり合いを積み重ねて、気がついたら仲良くなっていくものなのです。

❶ グループ活動が成り立たない

若かりし頃の私の教室で直面したことは、グループ活動が成り立たないことでした。

国語の学習で感想を述べ合ったり、筆者の意図について意見を述べたりというような活動もなんだか今ひとつ盛り上がらない。社会の学習でも疑問を共有したり、今後に向けた意見を交換したり、あれこれやるのですが子どもたちはつまらなそうなのです。

そんなとき「設問が悪いのかな」とか「話し合わせ方がよくなかったのかな」なんて方法論に頭を悩ませていました。

そんなとき、**「会話が十分にできる関係性がないのに意見交換をしたところで活発なグループ活動になんかならないよ」**と先輩からヒントをいただいたことを思い出しました。

❷ よく遊び、よく話せる環境になっているのか

ジュニアサッカーの現場で、今シーズンのトップチームはどうかというような話がよくありました。

セレクションをやっているようなクラブは別として、入団する子を全て受け入れるクラブだと毎年のように成績が変動するものです。

そんな中で「今年のチームね、一人ひとりはまだまだなんだけど、なんだか負けないいんだよね」というような年があります。そんな子どもたちは**サッカー以外のところでもよく**

遊んでいるという特徴があるのです。確かにチーム練習の中でコミュニケーションを図ることはできますが、それ意外のところでも関係性が育まれている年は不思議と結果が出るようです。

❸ リスペクトで子どもたちをつなげる

ジュニアサッカーの現場での学びは、教室でも大きなヒントになりました。

朝からサークルに集まって、みんなで顔を合わせているだけ。学習中も基本は4人組のアイランド型で座席配置となっているだけ。これだけで少しずつ子どもたち同士の壁が低くなり、やがてチームのような感覚になります。

ただし、そう簡単にはいきません。じわりじわりと実が熟すように時間がかかります。子どもたち同士がインターネット網のように仲間同士でつながり、そのつながりが日を重ねるごとに太くなるためには何よりもお互いを大切にする気持ち「リスペクト」が必要です。日本サッカー協会とJリーグが掲げる「リスペクトプロジェクト」の一節を読み替えて、道徳や学活の時間に何度も何度も確認して教室に浸透させていくようにしました。

「サッカーには敵はいない。対戦相手は敵じゃない。
自分たちの力をためし、サッカーを楽しむための大切な仲間。」
※「公益財団法人 日本サッカー協会「大切に思うこと」より引用
(http://www.jfa.jp/football_family/respectfc_japan/img/respect.pdf)

⬅ 教室向けに読み替え

教室には敵はいない。クラスメイトは敵じゃない。
自分たちの力をためし、学校を楽しむための大切な仲間。
一日の始まりに相手の目を見てしっかりと話をする。リスペクトの証として。

どんな場面でも「リスペクト」をもって子どもたち同士が接することを常に意識できるよう、心がけていくことにしたのです。こうしてお互いを大切に思う子どもたち同士の気持ちは、少しずつ教室という空間を居心地のよいものに変化させていったのです。

Point

リスペクトをもって接することを常に意識させよう。

4 得意なことを人のために使う場をつくる

子どもたち同士が妙なライバル意識をもってしまうと、誰かを蹴落として自分が優位に立つというようなことが起こり、なんだかクラスもギクシャクしてしまうものです。

お互いがリスペクトをもって個の存在を認め合い、クラスメイトは敵でもなく学校で楽しむ仲間だと理解するようになると、それぞれの特徴を生かして何かしらの貢献をしようという気持ちが生まれます。

❶ 得意なことって誰のためにあるのかな

算数が得意でテストをしたらいつでも100点をとるような子がいます。そんな子どもたちが活躍するのは、いったいどんな場面か思い出してみてください。

算数の得意な子は、授業中も生き生きとしています。一斉授業スタイルだと先生が黒板に書く問いに対して真っ先に手をあげる。そして、問題を解き始めれば一番に解き終えて持ってくる。当然のことながら全問正解で誇らしげです。テストもいつだって満点なのですから、教師からも親からもほめられて、よい気分でいるのです。

もちろん、得意な算数に満足してよい気分でいるのは悪いことではありません。しかし、**それを単に自分が自慢するためのものにとどめておくのはもったいないことです。**

でも、若かりし頃の私は、そんなことに疑念すら抱きませんでした。

算数が得意な子は得意、体育が得意な子は体育が得意。ただそれだけで、その得意なことがよくも悪くも他の子どもたちにどんな影響を与えるかなど、考えることすらできなかったのです。

❷ 得意なことは人のために使うのだよ

ちょうどWindows95が発売された頃、私は情報教育に興味をもち始めます。子どもたちが学ぶ道具の1つとしてのコンピュータについて研究をスタートしたのです。より分かる授業を目指してパワーポイントを使って教材をつくることにも取り組みますが、右も左も分からないところからのスタートだったのでとても苦労しました。

そんな中で出会った師匠ともいえる先輩の先生からは、その技だけではなく、そのあり方についても学ぶことになります。知識を伝達してもらうこともさることながら、ご自身のもつ力を惜しみなく提供してくれる姿に心を打たれたのです。このように、**得意なことは人のために使う**という考え方を、教室にも応用することにしました。

3 得意なことをどんどんシェアさせる

国語の学習で説明文を読んだ後、自分の考えを共有したりすることは多いと思いますが、算数の問題を解いているときにお互いの意見を共有する機会は意外に少ないのではないでしょうか。

そこで、**算数の時間に、「分からないときは、友だちに『教えて！』って言おう」と伝えました。** すると、苦手な子どもたちからは、「え？　教えてもらっていいの？」なんて反応があります。逆に得意な子たちは「え？　教えるの？　なんか答えを教えちゃうみたいでダメじゃん」なんて反応もあります。子どもたちによく説明したのは「分かる」「できる」「説明できる」という3段階があるということです。なんとなく分かるレベルと、きっちりとできるのは段階が違いますよね。

こう説明すると、不思議なもので、子どもたちは少しでも自分で教えられそうだと感じると、教える側に回ります。算数が苦手な子同士でも同じです。ここで重要なのは、**答えを教え合うということではなく、問題を解くプロセスをともに楽しむ**ということです。

「ねぇねぇ、これさ、どうやると思う？　よく分からないんだけどさ」
「えっと、これはこうなんじゃないのかなあ？　違う？」
「あ！　分かった。これでいいよね。〇〇ちゃん、これどう？」

なんて話をしながら問題にあたっています。

「はい、この問題、やり方を説明できる人？」と言うと、得意な子たちが一斉に手をあげて説明するような一斉授業スタイルでは、こんなやり方はできません。

授業のあらゆるところで考えを表明したり、誰かに教えたりすることは楽しいことです。サークルベンチやアイランド型の座席配置によって会話が弾むようになると、安心して意見を言えるようになります。すると、お互いの考えや知っていることを気軽にシェアできるようになっていきます。

Point

自分の得意なことを、気軽に生かし合えるようにしよう。

5 安心感を生み出す

子どもたちが主体性を発揮するためには、何をしても、激しく批判されたり、恥ずかしい思いをしたりすることがないという安心感を教室に醸成することが不可欠です。

日を重ねるにつれて子どもたち同士のネットワークはインターネット網が広がるように増え続け、そのつながりは少しずつ太くなっていきます。

お互いの顔が見えるサークルは不思議なもので、仲良くしようと頑張らなくても自然にコミュニケーションが生まれ、気がついたら仲良くなっています。

「先生は、みんなが仲良くなる魔法をもっている」

ある3年生は手紙にこう記し、教室が安心できる空間であることを伝えてくれました。

とても嬉しい手紙でしたが、私は魔術師ではありません。

でも、そこには、みんなが安心して過ごせる仕組みがあったのかもしれません。

第２章
個性を生かす
環境・システムのつくり方

❶ 安心できない教室だった頃

ご多分に漏れず、若かりし頃の私の教室にも私の考える「目指す児童像」なるものがあったことは前述の通りです。基準という名の枠組みの中にハマっている子どもたちはほめられ続け、そこに当てはまらない子たちは指導され続ける。

そんな教室は、なんだかギクシャクした感じがしたものです。いろいろな子どもたちの姿を許容できなかったのは、正直に言って私の力不足なのですが。

そんな教室では、例えば宿題を忘れるというような、ちょっとしたことでも失敗と捉えられ冷笑の対象となってしまいました。何をやっても失敗をしない子は認められ、失敗をする子は認められないというような風潮をつくり出してしまっていたことは、今でも申し訳ない気分になります。

❷ あなた自身は完璧なわけ？

まだ平成のはじめ、教員になったばかりの頃は、なんだか学校も緩やかでした。学年会といえば、先輩の先生たちが和菓子や洋菓子を並べ、ノンビリとコーヒーや紅茶を飲みながらしゃべるというような時間がありました。

「どうも、指導がちゃんとできないんですが、どうすればよいでしょうか」

そんな主旨の発言をする駆け出しの頃の私に、先輩の女性教員は笑いながらヒントをくれました。

「ねえ、**あなた自身は完璧なわけ？**」

正直、この質問にはハッとさせられました。完璧なわけはないし失敗だらけなわけですから。更に先輩はたたみかけます。

「誰だって失敗するんだし、そんなに生真面目に接したら子どもたちは安心できないでしょ。あまり細かいことをガミガミ説教するのはどうかと思うよ。本当に叱らなければいけないのは、危険なことや人権に関わるような差別発言などがあったときだけでいいの」

そんな話を経て、教室の雰囲気の大切さを痛感した私は「安心できる空間とは何か」を考えるようになりました。

3 教室を居心地のいい空間にしたい

日々の生活の中で安心できる空間というのは、どんなところにあるのでしょうか。

それは静かな図書館でしょうか。それとも爽やかな風が吹く公園のベンチでしょうか。

あるいは家の中のリビングでしょうか。お気に入りのカフェでしょうか。

私にとって安心できるスペースは、家の中では1人になれる小さな書斎。心地よいインテリアに落ち着いたＢＧＭが流れるカフェも好きです。そこに居る人たちは静かな声でおしゃべりを楽しんでいたり、読書をしていたり、コンピュータを開いていたりと様々です。

学校も「一人ひとりの物語」がある空間です。いろいろな背景をもった子どもたちが登校して来ます。もちろん学習することは大切なことですが、それ以上に友だちと話しに来たり、遊びに来たりと各自のニーズはいろいろあるものだと意識するようになりました。こうして自身のマインドセットを変えることで授業スタイルも変化していきました。

例えば国語の授業では、**「教科書を読むときは好きな場所でどうぞ。読み終えたら自分の席で感想を書いてみてね」**と声をかけます。すると子どもたちはサークルベンチに座ってみたり、陽の当たる窓辺の床に座ってみたり、自ら落ち着いて読める場所を探して読み始めます。いつも同じ場所に座っているよりも、気分を変えて自分で選んだ場所で読むことで、グッと集中して読むことができ、とても好評でした。

Point

「一人ひとりの物語」を大切にする心構えをもとう。

6 簡単に答えを教えない

「ググる」という言葉も一般的になったように、分からないことがあればすぐにインターネットで検索できる時代になりました。私もすぐに検索してしまうことが度々あります。しかし、疑問が湧いたら即解決というのは少しつまらない気もします。

教室でも、子どもたちは困ると、「先生、どうすればいい?」「教えてー」というように簡単に答えを求める傾向があります。そんな場面であえて教えないという選択をすると「ケチ!」と言われることもありますが、答えを自分で探したり、子どもたち同士で探したりと、自力解決の道を探り、考える力をつけたいものです。

❶ ちょっとしゃべりすぎじゃない?

「ちょっと説明が長すぎるよね」「話があっちへこっちへ行って分かんない」などと若か

りし頃の私は、子どもたちからよく言われました。

ジュニアサッカーの現場でも同じようなことはよくありました。

試合前のミーティングや、試合後の振り返りでも、コーチとして自分が話すことで、子どもたちの頭の中を整理してあげたつもりでいるのです。

確かに教師という職業は、子どもたちへの丁寧で分かりやすい説明を求められます。それにしても、一般的に教師は話が長すぎる傾向にあるのです。

❷ みんな教えすぎ

子どもの頃からサッカーに親しみながら育ち、長らくプレーも指導も楽しんで来ましたが、実は私は中学校から大学までバレーボール部でした。チームスポーツにどっぷりと浸ってきたわけですが、サッカーとバレーボール、両方の世界に触れて様々な指導者に出会ってきました。

そんな中で出会った指導者の一人に、今でもJリーグクラブの要職にある大学時代の先輩がいます。何かにつけて電話で話をさせてもらうのですが、その指導理念を通して多くのことを学ばせてもらってきました。そんな先輩の口癖は「教えすぎなんだよ」ということです。知識をひけらかしているとまでは言いませんが、もっている知識を子どもたちに注入するような感じになってしまいがち。人は何かを学ぶと教えたくなるようです。

ある日、教室の窓から校庭で体育の時間に取り組む低学年のクラスの子どもたちを眺めていました。整列して教師の説明を聞いています。準備体操をしたら、また説明を聞きます。その後、動き始めるかと思いきや順番待ちです。一人ひとりの身体を動かす時間は45分のうち13分しかありませんでした。これは、本来の体育の目的としては残念な現実です。どの教科も本来の目的を忘れずに時間設定をしたいものですよね。

3 目の前の現実から子どもたちとともに考える

「先生、鉛筆を忘れました」と子どもたちがやって来ます。そんなとき、皆さんだったらどう答えますか。

私はいつだって、**「おー！　そうなんだね。報告ありがとねー」**と爽やかに応えるだけにしています。ちょっと冷たいように見えるかもしれませんが、この対応が子どもたちの自立に向けて重要なのです。

日本サッカー協会の「めざせベストサポーター」というリーフレットに、サッカーを楽しむ子どもたちを支えるために大切なことが書かれています。

「察しの悪い振りをする」
子どもの考える力を伸ばすためには、保護者は「察しの悪い振り」をしましょう。ただしそれは、子どもの考えを理解しないとか、子どもの気持ちを無視する、ということとは違います。子どもが何を考えているのか、子どもが何を求めているのか十分に察知し、理解できるけれど、あえてわからない振りをして、子どもに自分の考えを言葉に出して表現させること、それが「察しの悪い振り」をする目的です。
(https://www.jfa.jp/youth_development/players_first/pdf/best_supporter_book.pdf)

こちらをヒントに、つい答えを教えたくなることを我慢して、子どもたちが自ら考えてチャレンジできるようにと心がけるようになりました。

Point

簡単に答えを教えずに、子どもたちが考えるためのヒントを与えよう。

7 チャレンジ自体を楽しめる環境をつくる

子どもたちが自らチャレンジしようとするとき、自分からすぐに行動を起こせる子もいれば、どうしたらいいのか分からない子もいて様々です。

どんな小さなことでも1人だけで考えて行動するのは、大人にとっても大変なことです。でもまずは、個人で考えて、そこから**仲間と考えをシェアしたり深めたりすることが気軽にできる環境があったら、安心して様々なことにチャレンジができます。**

もちろん、大きな課題ほど多くの仲間の知恵が必要になってきます。子どもたちみんなのアイデアを生かしながらチャレンジできる環境をつくりたいものですね。

❶ 孤独なチャレンジ

かくいう私も長らく従来の一斉授業スタイルで子どもたちと接してきました。

例えば算数の学習では、本時のねらいを伝え、基本的な事項を子どもたちに説明します。確認したら子どもたちは練習問題に取り組んでいきますが、当時の私は子どもたち自身が自力でやることばかりに囚われすぎ、子どもたち同士で話し合う時間を設けることはあまり上手にできませんでした。

子どもたち同士も、お互いがともに過ごす仲間というよりは競う相手のようになってしまって、横のつながりが希薄でした。自分の課題が終われば、さっさと他のことへ移ってしまい、すぐ横で困っている仲間に思いを寄せる子たちは稀だったのです。よほどの仲良しでなければ、孤独なチャレンジをする他なかったのです。

❷ チームスポーツを原点に

サッカーや野球・バスケットボールなどの球技スポーツには相手チームが存在します。長らく、ジュニアスポーツ界においても相手チームは敵チームであり負かすための存在でもありました。かくいう私も長らくサッカーやバレーボールに親しみ、相手チームは倒すための存在であり、時として「ぶっつぶす」というような言葉も飛び交う中でプレーをしてきた１人です。

ジュニアスポーツの世界でも相手チームへのリスペクトがない指導者の暴言をよく耳にしてしまうことがあります。

「そんなやつらに負けるな」「なんでそんなやつに決められるんだ」など、あり得ないような言葉を頻繁に耳にして試合後に抗議に行ったこともあるくらいです。

でも、ここ十数年は、日本サッカー協会を筆頭にジュニアスポーツの中でも「リスペクト」という言葉を頻繁に耳にするようになりました。

どんな人もスポーツを楽しむ権利があります。本来はどんなレベルだってＯＫで、自分の競技レベルに合わせてプレーする権利があるはずです。

❸ みんなでチャレンジすること自体を楽しむ

それぞれの子どもたちが、誰かと競うのではなく、仲間とともに学びを楽しめるようになることが理想的です。

１つの問題をよーいドンで解いていくのではなく、自分の興味関心をベースにして自分のペースで学ぶ場面を多く設定したいものです。

何ができているかということばかりに注目してしまいがちですが、**チャレンジできてい**

るか否かという環境設定にこそ目を向けるべきです。

「〇〇くんは、今、ここにチャレンジしているのか。よし、ボクはここからやってみよう」とチャレンジすること自体を楽しむことが大切です。

例えば体育の鉄棒の時間などは、技ができるかできないかの差がハッキリ出ます。苦手意識がある子は、「どうせできないから」と最初からあきらめモードで「できないからやらない」と言うことが多々ありますが、私はこう言います。

「できる、できないなんてのは大して重要じゃないんだよ。だから、ちょっとしたチャレンジをすることだよ」

これによって少し子どもたちの心理的ハードルが下がるのか、「まずはやってみる。チャレンジすることは楽しい」と自主性が生まれ、お互いのチャレンジも大切に思うマインドセットが少しずつ芽生えてきます。

Point

「そこにチャレンジはあるのか?」と問い続けよう。

8 事実→理想→行動のサイクルを大切にする

「さてと、今日はどんな1日にしようかなあ」

朝からコーヒーをノンビリと淹れて、今日1日をどう過ごそうかとイメージしながら1日がスタートします。昨日の学校での**出来事**を振り返り、今の状況を明らかにしていきます。そして、今日1日の**理想**を頭の中で思い描いていくのです。後は、学校に行ったら**行動**あるのみです。この1日の始まりの流れも、スポーツマネジメントからヒントを得ているのです。

❶ パッチワークのような毎日

まだ駆け出しだった頃の教室では、毎日のように繰り広げられる問題を自分自身でなんとか解決しなければと必死でした。授業に実が入らない子を頻繁に注意する。宿題を忘れる子をいちいち注意する。喧嘩ばかりする子を指導する。自分自身の頭の中にある理想の教室像を追い求める毎日は、とても辛い日々でした。

目の前で起こる現実を頭の中で上手に整理できずに、対処することばかりに追われる日々は悪循環となり、教室に入ることが怖くなってしまった時期もあります。次から次へとやって来る問題に耐えきれなくなってしまった私は、通勤中、目の前に現れるT字路を左折しなければ勤務校には着かないのに、右折し続けてしまうようになってしまいました。目の前の出来事を上手に整理できず、パッチワークのような毎日を送り続けて疲れきってしまったわけですが、ここでもスポーツの世界がヒントを与えてくれました。

２ 事実を素直に見つめていく

学級づくりがうまくいかずに、このままではいけないともがき苦しんでいた頃、サッカーの指導者講習会に参加しました。サッカーの指導者には、選手たちによりよいアドバイスを行い、チームをよりよい状態にするための共通のルーティンのようなものがあります。「M－T－M」と呼ばれ、試合（マッチ）で起きたことを分析して、トレーニングに生かして、また次の試合に臨むというものです。一見、簡単なことのようですが、これがなかなか難しいのです。どうしても指導者の好みによって主観が邪魔をして冷静に現状を分析することができないことがあるのです。サッカーだと私のポジションは攻撃側となるフォワード、バレーボールでもアタッカーですから、どちらかといえば得点するための思考回路がセットされています。

よって教室でも、「どうやって行動していくのか」というような自ら動くことばかりが気になり、「なぜ行動できないのか」という部分に思いを馳せることができない傾向がありました。

「まずは、ご自身の感情を入れずに、できるだけ客観的にピッチ上で何が起こっているのか、ありのままの状況を把握しましょう」

そんなときに出会ったインストラクターさんが伝えてくれた印象的な言葉です。

「感情を入れずに」というのがなかなか難しいのですが、確かに冷静になって主観をできるだけ排除してピッチ状況を分析すると、選手たちの動きが違って見えてきたのです。

3 事実→理想→手立てのサイクルを回す

さらに、スポーツの指導現場からスポーツマネジメントの世界に触れるようにもなった私は、前述のＳＭＣで何度も**環境分析**について学ぶ機会を得ることになりました。「理想のスポーツクラブ」をテーマに、Ｊリーグのクラブをはじめとして、いくつかの世界にある著名なクラブを取り巻く環境を知ることができました。そこにいる人、物、資金なども含め、クラブのもつ資源をどのように最大化してシーズンを戦うか。そして数年後のみならず、十数年後、数十年後と未来像についてもイメージをもってクラブ運営にあたる大切さを知ることになったのです。

そこには、「理想のクラブのあり方」を考えるための、**事実（過去の姿）→理想（未来の姿）→手立て（現在すべきこと）**という思考のサイクルがありました。

この思考のサイクルは、教室で起きた出来事を考えるうえでも非常に役立ちます。ある日のことです。掃除の時間にちょっとした事件が発生しました。男子トイレの使い方が悪く、あまりにも汚いので掃除当番の子どもたちが戸惑っていたのです。子どもたちは事実に直面してどうしようか考えています。もちろん、理想のトイレの

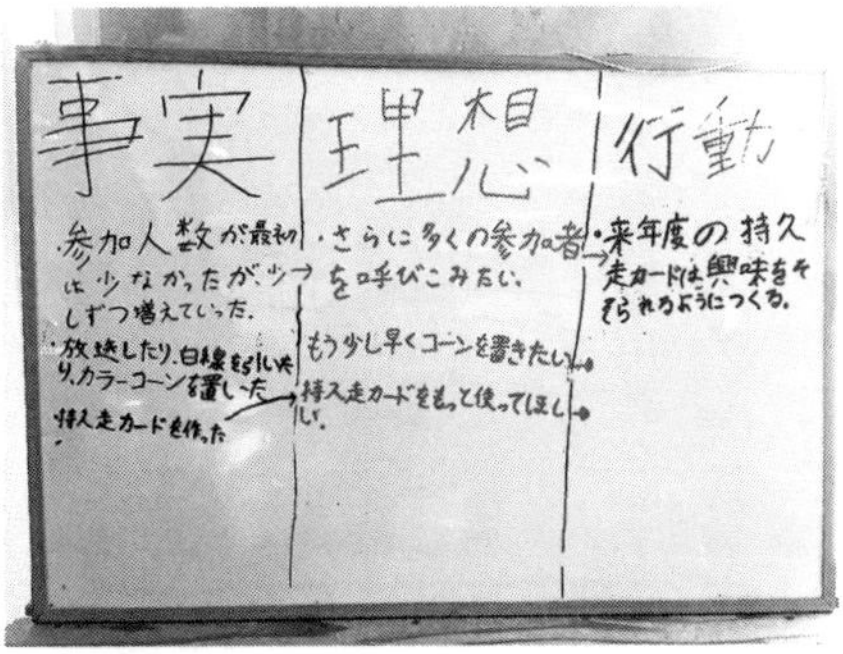

校内イベントの改善に向けた思考の例

姿はどうあるべきかを彼らは知っています。それを問いかけて明確にさせていきます。

事実……「あー！　いつもより汚いぞ、こりゃ困ったな」（答えはすぐに教えない）
理想……「みんなは、これを見てどう思う？　どうしたい？」
手立て…「掃除に使える残り時間は？」「トイレを綺麗にする仲間は？」「徹底的に綺麗にする空間は？」「何を使って綺麗にする？」

時間は15分しかありません。仲間は４名、空間はトイレ、使える掃除用具なども子どもたち自らに考えさせて、作戦を立ててスタートです。「終わった！」と笑顔で教室に戻ってきた彼らは、どこか誇らしげな表情を浮かべていたのは言うまでもありません。

毎日の生活は選択と行動の連続です。**目の前で起きていることを客観的に捉えて、理想の姿を思い描き手立てを考えて行動に移す。**教師の働きかけ次第で、そんなシンプルな思考のサイクルを、子どもたちは自然と身につけることができるのです。

Point

事実→理想→行動のサイクルで考えるクセをつけさせよう。

第3章

子どもが自ら動き出す学びのしかけのつくり方

変化の激しい21世紀に求められる力は何かという議論はあちらこちらで情報を得られますので他に譲りますが，生きて行くには今も昔も主体的に動く力が求められることは変わりありません。

子どもたちがいわゆる「生きる力」を身につけるために必要なことはなんだろうかと考えます。どうすれば子どもたちに「高性能自立型エンジン」が搭載されるのかは，スポーツと教育の現場，両方にヒントが転がっていました。

1 現在地を把握して未来像を描かせる

目の前で起きていることは全て現実です。自分にとってよいことも、よくないことも全て事実なのです。その事実に直面したうえで、どのように解釈して次の行動につなげていくか。過去を嘆いている暇はありません。サッカーでいえば次のプレーに迅速に移らないと次のボールが来てしまいます。迷っている暇はないのです。

だからこそ、その瞬間の自分の位置をできる限り正しく把握することが大切になります。「今、何ができているのか」「今、何ができていないのか」「どうしたいのか」「すぐに改善できることは何か」と考えて動き続ける。そのためにも頭を高速回転させて瞬時に決めて行動しなければなりません。

そんな思考回路を、子どもたちに搭載するにはどうしたらいいのでしょうか。

1 自分を客観視できるか？

一斉授業をしていた駆け出しの20代だった頃は、多少なりとも謙虚さもあり授業中に子どもたちがざわつくのは自分自身の至らなさの結果なんだと認めざるを得ませんでした。先輩たちからも、つまらない授業だからだと言われ続けて気落ちすることも度々ありました。

ところが、少しずつ年数を重ねると、残念なことに謙虚さが薄らいできてしまいます。私のクラスは、毎年のように子どもたちがよく動くと評判になり、それなりに学級経営もうまくいっていたという自負がありました。スポーツの現場で培った哲学的な話は、それなりに子どもたちの心にも響いたのだと思います。正直言って調子に乗っていました。いわゆるカリスマ教師になったかのように見えたのだと思います。そんな中では、ある種の同調圧力が蔓延し、学級の雰囲気に乗れない子たちはものを言えなくなってしまったようです。今思えば、自分を客観視することを恐れていたのだと思います。

2 クラスの状態を他の先生に見取ってもらう

幸いにして、次から次へと入ってくるようになった若手の先生たちが、子どもたちの思いを聞いては私に伝えてくれるようになりました。彼らとて先輩にものを言うなんてことはドキドキしたのではないかと思いますが、忌憚のない意見を伝えてくれる人たちばかりで本当に助かりました。

そこで、学級会では、自分の解釈をできるだけ入れずに事実を見つめて現在地の確認をし、理想の未来像についてイメージをして次の策を講じることを徹底するようにしました。

❸ 未来像を鮮明にイメージする

「今日は、掃除について考えよう」

そんなテーマでクラスでの話し合いがスタートします。まずは、個人で課題について付箋に書いていきます。次に各チーム（通常は4人組）で付箋を見せ合いながら課題を共有した後に、解決すべき問題について明らかにして対策をみんなで考えていきます。

そのときに大切なことは、**できる限り事実を細やかなところまで浮き彫りにする**ことです。

「今の自分たちはどうなっているのか？」「うまくいかないのは、システムの問題なのか、それとも個人の問題なのか？」を分けて考えます。

そして、未来像を映像になるくらいにはっきりとイメージします。

例えば、教室の床だったら綺麗になっている部分を見ながら具体的なイメージを共有するのです。さらに、「とても綺麗な教室だったら、どんないいことがあるのか？　どんな気分で過ごせるのか？」についても共有することも大切です。

今よりもっと居心地よく過ごすことや、今よりももっとできるようにするためにも、**事実を素直に見つめ、鮮明に理想像を描き行動につなげていくための思考回路を日常の出来事から育むことができたら、子どもたちは主体的に行動するようになります。**

Point

ありのまま現在地を見つめて、未来を描いてみよう。

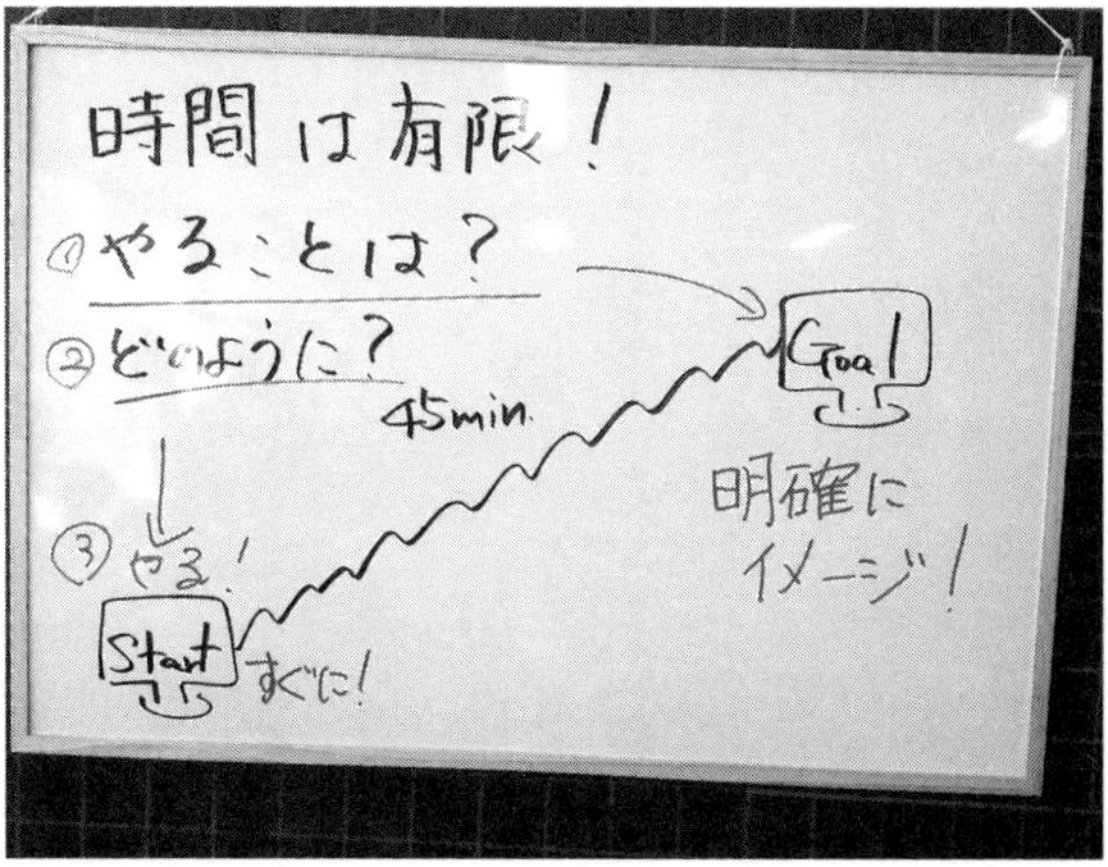

2 子どもの自己選択場面を設定する

学習指導要領に基づいて子どもたちには学ぶべき事項が山ほどあります。そのために教科書を開き、先生の話を聞いて、大切なことを覚えて問題を解く。このような従来の学習スタイルだと、この時間にやることも、使うものも全て決まっていて、下手をすると子どもたち一人ひとりが主体的に学ぶシーンがないなんてこともあり、心苦しくなることもありました。こちらの都合に子どもたちが合わせてくれるというような感じがたまらくイヤになって、どうしたら子どもたちが自分で選んで学ぶようになるのか模索する日々が続きました。

❶ 用意されたものをこなすだけ？

私自身も様々な教材を準備しては、決められた時間に一斉にやらせる教師でした。時間内にできなければ、休み時間を潰してでも終わらせることがよいことだと思い込んでいました。

子どもたちは、ひたすら用意されたものをこなし、課題が終わらなければ罪悪感にかられ、やらされ感たっぷりの状態に陥っていったのでした。自主学習という名の宿題を課したこともあり、本当に申し訳ない気分でいっぱいです。

2 些細な自己選択がやる気を生む

だいぶ謙虚さがなくなった私に転機が訪れたのは、先に紹介した日本サッカー協会のSMC本講座です。

この講座は答えをくれるわけでもなく、自分の頭で考え続けて理想のスポーツクラブの事業計画書をつくっていきます。

事業計画といっても何を書いていいのやらですが、まずは、自由にA4の紙にアイデアを書き出すことからスタートしました。受講生一人ひとりに8色のカラーペンが用意されています。

「どのペンを使ってもらっても構いません。お好きなペンでどうぞ」

30名の仲間たちは自由に好きなペンを手にしてアイデアを書き出していきます。不思議なもので、**色を選ぶだけで書くというスイッチが入ってしまう**。これには正直言って驚きましたが、一見単純そうな、この「ペンを選ぶ行為」がアイデアを書き出すスイッチになったのは言うまでもありません。

「教室で、子どもたちに選ばせてからやるようなことってあっただろうか？」と考えました。

「掃除や給食の当番だってこっちが決めてるよね」「学習だって毎回お決まりの方法だし、こちらのペースで進めちゃっているよな」「子どもたちが選んで取り組むってことが少なすぎるな」そう考えた私は、選んでから取り組むしかけをしてみることにしました。

❸ 自分で選ぶ場面を設定する

算数の授業では、消しゴムを使うことを禁じていました。理由は、それまで考えたことが全てノートに記されていること、間違えた部分を明確にすることが次のミスを確実に防げるからです。子どもたちはついつい消しゴムを手にしてしまいますが、一生懸命に我慢していました。そんなある日のことです。

「先生、それならさ、ボールペンでもいいじゃない」と言い出して教科書でもノートでもプリントでも、どこでもボールペンで書き始めました。そんな光景を見て最初は戸惑いを隠せず、鉛筆でやることを推奨しましたが、聞く耳をもってくれませんでした。

「ボールペンでやるって決めたんだからいいじゃん。この方がやる気も出るし」と主張する彼に屈してしまいましたが、ＳＭＣでペンの色を選んで一気にアイデア出しが捗ったことを考えると妙に納得したのでした。

すると今度は、一人ひとりに配付していたＡ４サイズのホワイトボードを使って計算をする子たちが出現しました。不思議にも、ノートだとあまり積極的には取り組まない子たちがグイグイと計算しています。

今までのように、細かなところまで教師が決めてしまうやり方では、目の前に出された料理を何も考えずに食べるか、本当は美味しくないのに美味しいふりをして食べてもらうのと同じなのかもしれないと大いに反省させられました。

Point

小さなことでも、自分で選んでやる場面を多く設定してみよう。

3 事実の振り返りを大切にする

私が大学でバレーボールをしていた頃、春と秋に開催される関東大学バレーボールリーグ戦で大切にしていたことがあります。それは、ゲーム分析です。対戦チームの攻撃パターンや守備陣形をはじめ、選手の特徴をビデオで確認して次戦の対策を立てます。

さらに試合後の自分たちのプレーを分析することも欠かせない作業でした。これによって客観的に自分のプレーを見つめトレーニングに生かすことを学んでいたはずなのですが、その思考回路はなかなか教育現場とつながりませんでした。

1 上手にフィードバックできない

航海で言えば、目的地はどこか。自分たちは今どこにいるのか。これらを正確に把握することで、航路がずれていれば修正して安全な航海ができます。

学校生活も同じだと思うのですが、かつての私の教室における子どもたちの現在地を振り返る材料は、プリントに何枚取り組めたか、どれくらい授業中に発言したか、テストは何点だったかというようなものばかりでした。こちらのもっている材料のみで評価をしており、そこには子どもたちの目線が存在していませんでした。

子どもの一番の評価者は子どもたち自身であることを無視していたのだと思います。

2 冷静な分析が行動を変える

スポーツマネジメントの世界で学んだ現状分析では、スポーツ施設のみならず、美術館や複合施設などを見学し、各施設のビジョンやミッション、プロダクト、サービス、提供する価値などを明らかにする機会がありました。

この施設は発展しているなと実感できる施設においては、毎年、しっかりとした現状分析がされ新たなプロダクトやサービスが提供されていることが分かります。

「ご自身のクラブの活動を客観的事実に基づいて冷静に分析してみてください」

自分たちのもつ資源（ヒト・モノ・カネ）はどうなっているのかを洗い出し、どんなプログラムを提供し人々にどのような価値を提供しているのかを考えていきます。すると、

今ある資源を素直に見つめて可視化することができ、今後の行動を変えていくきっかけが生まれます。

③ポジティブな事実にフォーカスして振り返る

私たちは、ついつい自分にとって都合の悪いことはよいように解釈しようとしてしまいます。私も目の前で起きている現実を認めたくないあまりに、現在の状況を冷静に把握することができなくなることがあります。でも、そこは**勇気を振り絞って事実にのみフォーカスすることで少しずつ次への確実な一歩が踏み出せるようになってきました。**

忘れてはいけないのは、今の自分の力のなさを責めるのではなく、これからの自分をどう変えていくのかという未来を描く視点です。誰だって、全ての仕事を十分満足するまでやるのは難しいものです。おまけにやればやるほど次のハードルが見えてきます。ですので、**まずはポジティブな側面に目を向ける**ようにします。

子どもたちと振り返りをするときには、どんな小さなことでも必ず**「できたこと」「がんばれたこと」にスポットを当てる**ようにしました。用意するものはA４の白い紙で十分です。そして８色以上のカラーペンから好きな色を選んで書き出してもらうのです。

「どんなことでもいいからね。まずは、ポジティブなことからどうぞ」

子どもたちは、１人でじっくり考えて少しずつ書き始めます。

「同じチームの子たちに聞いてみるのもいいよ。自分はどうだったかなってね」

他の子たちともおしゃべりをしながら自分では見えていない姿を客観的に友だちからフィードバックしてもらうのです。とあるサッカー少年が、あまりサッカーが好きではなかった女の子に言います。

「そういえば、この前のサッカーでさ、ナイスディフェンス連発してたじゃん」

「えー？　そう？　まあ、確かにね。私、頑張ったよね」

「○○くんはさ、算数、グイグイ進めてたよね」

というようにおしゃべりをしながら振り返りをしていくのです。こうすることで、自分のよさをどう生かしていくかという思考が一人ひとりに生まれていきます。

Point

事実にフォーカスした振り返りで、次の一歩をつくろう。

4 ワークショップスタイルを取り入れる

先生が黒板の前に立ち、話をし続ける一斉授業スタイルでは、そのとき発言している子と教師とが1対1の通信をしているような場面が生まれやすくなります。その間、その他の子たちは上の空になってしまうようなことも残念ながら起きてしまうのです。よほどの授業力がなければ、子どもたちの好奇心を刺激し続けることは至難の業ですよね。

かくいう私も子どもたち一人ひとりに響くような授業を目指して格闘する1人です。若かりし頃は、書店に並ぶカリスマ教師と言われるような皆さんの書籍を読み漁っては実践のマネをすることを繰り返しましたが、どうもうまくいきませんでした。

❶ そもそも授業とは誰のものかを忘れていた

日々、黒板の前に立っての授業。算数であれば、教科書に書かれている内容について説明を行い、子どもたちは問題を解いていきます。すぐに終わってしまう子もいれば、なかなか終わらない子どもたちもいて、進度は揃いません。これは当たり前のことですが、時数も気になって、次の時間には次の項目へと移って授業を進めることになります。なかなか進まない子には個別指導を試みますが、複数いれば限界があり、休み時間さえもつぶしてしまうことにもなりかねません。周りのクラスよりも授業が進んでいないと気になってプレッシャーにもなり、子どもたちに無理を押しつけることにもつながってしまうのです。でも、**これは私たち教師がホッとしたいだけであって、子どもたち中心に授業が考えられていないことを露呈してしまうことにもなります。**一斉授業には、どうしても限界があるのではないかと悩み続けていました。

❷ ワークショップと出合って

これまでにも述べてきたＳＭＣには、どうしたら子どもたち同士が楽しんで学ぶ教室になるのかと悩み続けていた頃に参加しました。そこでは、年間33日あるセッション全てがワークショップスタイルでした。

インストラクターは、ファシリテーターとしての役割を担っています。それぞれの受講生がもつ課題を他の受講生たちと共有しながら解決方法を探る手助けをしてくれたり、時には専門的な知識をもつ人たちを紹介してくれたり、教え与える人ではなくガイド役に徹する姿を毎回のように見ることができました。その後の私の教室のスタイルを一気に変えていくことにつながる貴重な機会でもありました。

ワークショップでは、そこにいるメンバー同士で頻繁な意見交換が交わされます。とはいえ初対面の人たちも多く、いきなり楽しくおしゃべりをすることなどは到底できません。そこで、SMCではアイスブレイクとして様々なアクティビティが取り入れられていました。

A4の白い紙とカラーペンに自分の名前・住んでいるところ・好きな食べ物を書いて相互に自己紹介を行います。最初は隣の人と行い、次は同じグループの人たちと順番に行います。それぞれ1分ずつ、自己紹介とおしゃべりを楽しむ感じです。ちょっとした時間制限を設けて、できる限り多くの方と知り合う活動もありました。

そうこうしているうちに、場が和み話をしやすい雰囲気が会場に生まれていきます。一気に受講生同士の交流のハードルが下がることが分かります。なんとも穏やかな雰囲気となり、この空気感を教室でも実現させたいと思うようになりました。

3 授業の前にリラックス状態をつくる

ワークショップスタイルで活発な意見交換をさせるためには、リラックスした状態で学べることが大切です。そこで、学習に入る前に手軽な遊びを取り入れました。

例えば、算数の体積を学ぶための1立方センチメートルのキューブを机に積み上げていく単純な遊びを取り入れました。制限時間内に子どもたちは、4人で順番にキューブを積んでいきます。あるチームでは、できる限り平らでガタつきのない机を選んでみたり、お互いの慎重さも考慮して積む順番を変えたりとアイデアを出しながら進めていきます。こうするうちに、子どもたちは徐々に打ち解けていくようになり、授業中に子ども同士が主体的に交流する姿が見られるようになりました。

Point

みんなが参加しやすい雰囲気がワークショップスタイル成功の鍵。

5 シェアする文化をつくる

自分のもっている知識を他者にシェアすることは案外と難しいようです。皆さんも休日を利用してセミナーやワークショップに参加することもあるかと思います。しかし、その学びを子どもたちの前では生かそうとしますが、職員室に広めてみようというようなことはあまり行われていないような気がしてしまうのです。

私は、自分自身が学んだものは、「こんなものに出合ったよ。私は、とても素晴らしいものだと思うので、皆さんもよかったら使ってみてくださいね」と職員室のサーバーに資料をあげておいたり、図書のコーナーを設けたりするようにしました。

❶ 知識は力を誇示するための道具ではない

新たな学習メソッドに出合うと、すぐに取り入れてみたくなるものですよね。

私の場合、Ｗｉｎｄｏｗｓ95が発売されてから、教室に私物コンピュータを持ち込みながらテレビに繋いで授業をしてみたり、法則化や百ます計算などの学習メソッドを少しずつ取り入れながら実践をしてみたりしましたが、肝心のマインドが今ひとつで、効果も半減してしまっていたように思います。ただメソッドを持ち込んでみただけで、そのベースとなる考え方がなっていなかったのです。新しいものを持ち込んでみる自分に酔っているだけで、地に足がついていませんでした。

当時の私は、自分の持ち込んだ新しい道具や手法を自分のもっている力と勘違いして、「こんなのやっているんだぞ。どうだ、凄いだろう」と自分の力を誇示するために使ってしまっていたように思います。

❷「シェア」ってなんだろう

それではいけないということを教えてくれたのは、教育委員会でお世話になったときの教育長からの、**「権威は人のために使うんだよ」**との戒めの言葉でした。当時38歳だった私は、伊勢原市教育センターで研修指導主事として先生方の研修と研究をサポートしたり、学校のＩＣＴ化をおし進めたりという仕事をいただきました。

そんな役割を担った私に、**「自分のもつ力というのは自分の力を誇示するために使うのではなくて他者に役立つように大切に使いなさい」**というメッセージをいただいたのです。

それをきっかけに、今までひとりじめしてきた知識を、押しつけることなく気軽に、他の先生方へシェアすることができるようになりました。

❸ 子ども同士で日常的にシェアの時間をつくる

子ども同士においても、シェアする文化はお互いの力を伸ばすことにつながります。

例えば、国語の物語文の感想をみんなで共有する場面。以前は、子どもが書いている間に机間巡視をするかノートを預かって、私の主観でよく書けていると感じた感想文を次の時間に共有していました。しかし、ワークショップに出合ってからはやめました。

「今日は、海の命という作品を読むよ。まずは、自分で読んでみて感想をノートに書き出してみてね。何も上手に書こうと力を入れなくていいから、思ったことを書き留めてみてね。じゃあ、読んで書くまで30分でどうぞ」

まずは、時間を決めて書いてもらいます。子どもたちは感想文を完璧に完成させようという発想はもっていません。なぜならば、30分後に途中まであるいは終わりまで書いた感想を読み合うという**シェアする時間**があるからです。タイマーが鳴ると、子どもたちは立ち上がって**ギャラリーウォークの旅**に出ます。

「『おー！　こんなふうに書けばいいのか』とか、『あ、そうそうこれってボクも思った！』とか、『へー、こんなふうに感じる人もいるんだなー』とか、参考にして書き足してみてね」

と伝えると、子どもたちは席に戻って加筆修正をします。こうすることで文章を書くのが苦手な子たちが、文章を書くのが好きな子たちからアドバイスをもらうこともできるようになります。

こういったことの繰り返しで、学習中だけでなく、学校生活のありとあらゆる場面で子どもたち同士がもつ力を惜しみなくシェアする文化が育まれるようになっていきます。

Point

気軽にシェアする文化をありとあらゆる場面で設定してみよう。

6 個から始まり個に終わる

誰かと同じ人生を送る人は誰一人いません。全ての人が唯一無二の存在です。イエナプランの20の原則（※）に書かれている通り、「どんな人も、世界にたった1人しかいない人」だということを忘れないようにしたいものです。人は、一人ひとりに固有の物語を生きていきます。そして、一人ひとりの人生はリスペクトされなければなりません。

※参考：「イエナプラン教育協会」ＨＰ（http://study.japanjenaplan.org/?cid=2）

1 教師の思う理想へ誘導していませんか？

「個性を大切にしよう」

私が新採用となった平成の始まりの頃、学校現場で盛んに言われていた「個性尊重」という言葉です。

「その通りだよな。スポーツだって一人ひとりの楽しみ方はそれぞれだもんな」

そう頭の中で理解していた自分もいたはずですが、教室ではなかなかうまくいきませんでした。どうしても全体主義に陥ってしまったのです。

「○年○組の皆さんは、こうあってほしい」という自分の思いに子どもたちを誘導させ、理想の姿に近ければほめ、そうでなければ叱るというような日々もありました。「どんなクラスにしたいかは、それぞれが意見を出してみんなで決めてね」と子どもたちに正解を委ねているのに、何か違う気がすると口を挟む。そんな教師でした。

2 一人ひとり、楽しみ方は違っていいじゃない

毎日、学校には来るけれど授業中はずっと机に顔を伏せて眠っているような子もいました。彼は、低学年の頃から勉強することは大嫌い。とはいえ、ずっと教室にはいて休み時間になることを待ちわびる毎日を過ごしていました。

「ねえ、○○くん、今はさ勉強する時間なんだけどやってみない。ほら、みんなも頑張っているでしょ。チャレンジしないのもどうかと先生は思うよ」

そんな言葉をかけてしまった日から、教室後方にあるロッカーへこもってしまうように

なりました。これにはほとほと困り、学年会で相談することにしました。

「○○くん、低学年の頃から確かに勉強は嫌いだけど休み時間は元気に過ごしているよね。放課後はサッカーだって楽しんでいるよね。彼にとっての学校の存在って理解しているかしら？　もちろん、私たちだって勉強する姿を望んでいるわけだけど、まずは彼にとっての学校像を理解しようとすることが大切なんじゃない？」

この学年主任さんの言葉にハッとさせられました。

「このクラスの子どもたちは、こうあるべきだ」というような1つのモデルに縛られて、主導権は子どもたちにはなく完全に私にあったのです。

3 個から始まり、ともに学び、個に終わる

「子どもたち一人ひとりが何を大切に学校という空間にやって来るのか」

そんな問いは、それまでの私の学級観を変え、学校そのものを考える大きなきっかけとなりました。そこで、**日常的に自分自身の意見をもって行動すること**を大切にさせるようになりました。例えば、「最近、教室が汚れていて、学習にも落ち着きがない」というような課題に直面したときには、よくある学級会のように挙手制で意見を出させるのではな

く、必ず、一人ひとりが意見をもてるようにしました。以前は付箋も使いましたが、便利なのは100円ショップでも購入が可能な**A4サイズのホワイトボード**です。

タイマーをセットして、解決方法を考える時間のスタートです。ほんの一例を紹介します。もちろん、課題によって時間設定が変わります。

・個人で解決のためのアイデアをホワイトボードに書く（3分）
・チーム（4人1組）でアイデアをシェアし合う（5分）
・クラス全体でアイデアをシェアする（3分）
・シェアされたことをもとに、個人の具体的な行動を明確にする（3分）

全員が自分の意見を見える形にすることが何より重要です。ホワイトボードは書いたり消したりがしやすいので、書きながら試行錯誤する習慣もつきます。こうして、全員が自分の意見をしっかりともち、自ら行動できるようになっていきます。

Point

一人ひとりが考えをもつことが、ともに学ぶための大前提。

7 「3つの間」を常に意識させる

私は、何をするにも、「3つの間」…つまり、**「時間」「仲間」「空間」**を十分に生かしていくことを心がけています。これらは限りある資源と捉え、意識することで子どもたちの行動にも変化が生まれてきます。

環境分析ができずに苦しんでいた若い頃は、このあたりが曖昧でダラダラと時間を過ごし、誰と協働的に仕事をするかも分からず、どこで何を使って進めればよいのかという空間も意識せずに過ごしていました。しかし、この「3つの間」を意識することで一段と仕事もスムーズになっていきました。

❶「3つの間」の意識がない教室はダラダラ・ギスギスする

私も含めて35名ほどの学級には、毎日8時30分から15時30分という7時間が与えられています。そんなことを特に意識せずにいた頃には、時間がダラダラと過ぎ、課題が終わった子たちは時間を持て余していました。反対に、課題がなかなか終わらない子たちは、課題を終わらせる力がないのではなく、実は時間を意識していなかったからダラダラとやっていただけ…などということもありました。

そして、何度も言ってきたように、教室には様々な個性をもった子どもたちがいます。そこにいるのは敵ではなくともに成長し合う仲間なのですが、以前の私は競わせることばかりに目が行って、なんだか息苦しい教室空間にしていたように思います。

さらに、なんの工夫もなかった頃の教室は、声高に意見を言える子だけの意見が通り、いかにも自分たちで決めたように見えても教師である私の主観を反映させるだけの空間でした。一見楽しそうだけれど、何かぎこちない残念な教室だったのです。

❷「時間」「仲間」「空間」は貴重な資源

前述のSMCでは、限られた期間で理想のスポーツクラブをつくるための事業計画書をつくっていきます。その中で意識させられたのが「時間」「仲間」「空間」の「3つの間」です。

まず、厳格な**「時間」**の意識。何をするにもタイマーが設定されて、それ以上の時間は与えてもらえませんでした。例えば、アイデア出しの時間が7分あったとします。受講生たちは一生懸命になって紙にアイデアとなるキーワードを書いていきますが「チーン」とタイマーで切られてしまいます。時間は有限であることを思い知らされるのです。

そして、**「仲間」**についても考えさせられました。1人が出すことのできるアイデアには限界があります。しかし、行き詰まってもなお自分一人で頑張ろうとしてしまうのは、教師あるあるかもしれません。SMCでは構想の初期段階からアイデアをシェアする文化がありました。個のアイデアが協働的な学びの後押しによって常にバージョンアップするように設計されていました。

さらに、居心地のよい**「空間」**とは何か、ホスピタリティの観点からも多くの学ぶ機会がありました。理想のスポーツクラブを開設するために参考にした、人気のリゾートホテルや人が集う施設には、心安らぐしかけがたくさんありました。施設内は、エントランスから隅々まで清掃が行き届いています。また、ちょっとした場所にベンチが置いてあるなど、お客様がどこで過ごしても気持ちよく過ごせるようになっているのです。そして何よりもスタッフの皆さんの笑顔と優しい声が心に響きます。

これは、教室という少し簡素な空間について見直すよい機会ともなりました。

❸「3つの間」を大切にする教室へ

サークルに集まって、これからの活動について話をするときに必ず意識してもらったのが「どんな活動も『時間』『仲間』『空間』を意識してチャレンジしてみよう！」ということです。事あるごとに確認して浸透させていきます。

例えば、冬の体育の定番としてサッカーがあります。以前は、教師がコートを準備していましたが、子どもたち自身で行うスタイルに変えました。

「やることはサッカー。目標は、みんなで楽しむこと。**時間は？　仲間は？　空間は？**」と問いかけるだけでスタートします。

最初は戸惑う子どもたちの姿が見られます。

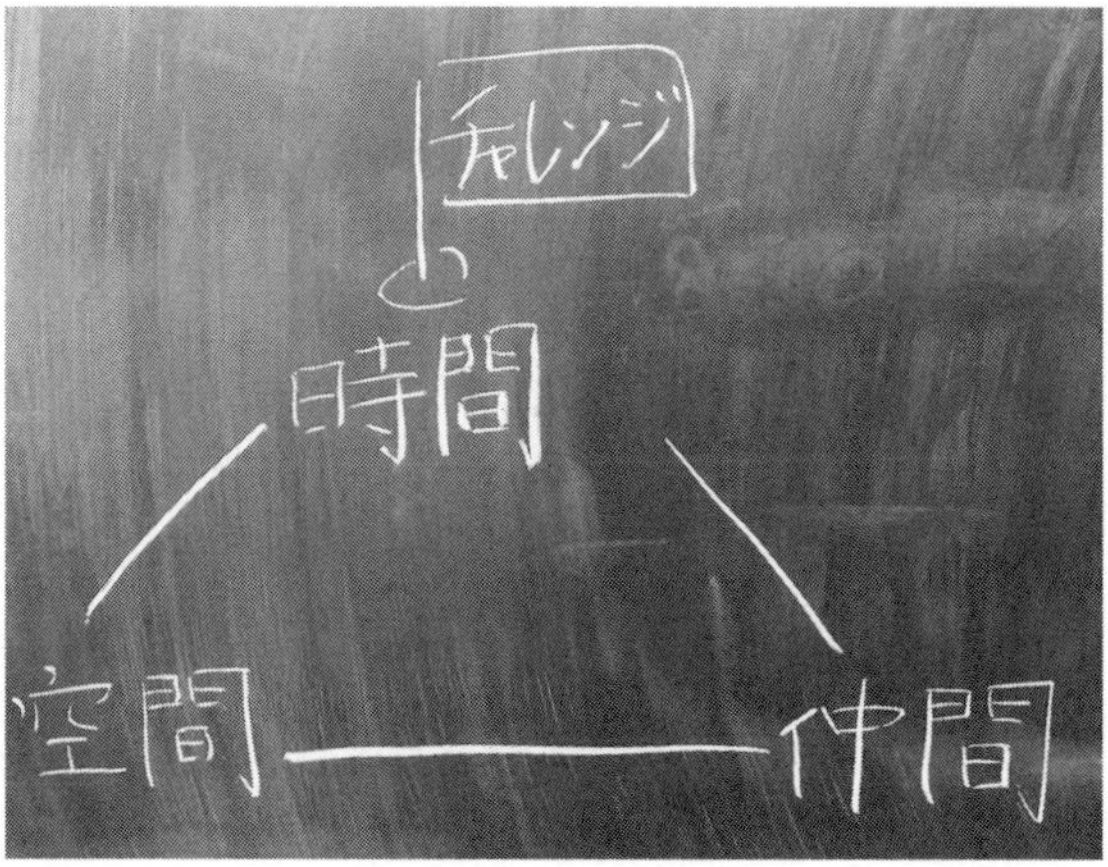

「コートの広さをどうするのか」とか「ゴールは何を使えばいいのか」「ビブスはいるのか」などという話がサッカー経験のある子たちから始まり、何も分からない子は動きません。はじめは私の方をちらちらと見てきますが、微笑み返すだけでこちらから指示を出すことはしません。ここは我慢が必要です。やがてサッカー経験のない子も時間がもったいないと感じ始め、自ら何ができるかを探しながら動くようになります。慣れればあっという間にコートができあがり、スムーズにゲームが始まります。

給食や清掃の時間も同様で、「やることは何か。目的は何か」にこの「3つの間」を日常的に意識しておくようにします。

例えば給食では、「レストランのように美しく配膳」することを心がけ、「じっくり食べる時間がほしい」という願いを全体で共有して意識した結果、子どもたちは自分たちで動線と各自の動きを決めていきました。

こうすることで子どもたちは資源である「時間」「仲間」「空間」を考えながら主体的にチャレンジできるようになっていったのです。

Point

「時間」「仲間」「空間」を意識するだけで行動が変わっていく。

第4章

パフォーマンスを高める教師自身の学び方

時代の変化は激しく，子どもたちを取り巻く状況も日々変化しています。今やスマホでなんでも検索でき，学べる時代に突入しています。デジタルネイティブの子どもには，大人たち顔負けの使い方を思いつく柔軟性がそなわっているのです。

時代の変化に対応するためにも，私たち教師は学び続ける必要があります。そもそも子どもたちに「学ぼう」と呼びかけても，教師自身に学ぶ姿勢がなければ説得力もありません。子どもたちは大人の背中を見て育つわけですからね。

1 強みは何かを考える

誰にでも得意なことや好きなこと、そして強みがあるものです。ところが意外にも、どの学校でも個々の先生たちがもつ強みが発揮されていないような気がしてなりません。いわゆる理想の教師像にとらわれすぎて、誰が教壇に立っても同じような状態であっては、子どもたちにとって魅力的な大人とはいえないのではないでしょうか。

職員室を離れ学校の外では、多種多彩な趣味をもち魅力があるのに、どうも教室に入ると小さくまとまってしまうのは子どもたちにとっても先生たちにとってももったいない。それぞれの強みを生かしながら子どもたちと向き合う方法はないものでしょうか。

❶「目指すべき教職員像」だけではダメ

各都道府県の教育委員会で「目指すべき教職員像」が掲げられ、日々実践と研修に励む先生たちの姿があります。私も神奈川県の公立小学校で長きに渡り同じような経験をしてきました。

「目指すべき教職員像」としてよくあげられるのは、「授業力」「課題解決力」「人格的資質・情熱」…などではないでしょうか。いずれも、「教職員として」あるべき姿が強調されています。しかし、それ以前に個々の先生の「強み」、つまりその人にしかない個性を生かすということには言及がないように思います。もちろん、教職員としてあるべき姿を追い求めることは大切ですが、**一度立ち止まって、自分にしかできないことは何かを見つめなおすことは非常に重要です。**

❷ 教職員である前にあなたの強みはなんですか

私が採用2年目のときの研究授業は、5年生の社会科「自動車産業」の導入部分でした。指導書を読みながら指導案を作成して、板書計画も基本に忠実に行い、授業を終えて指導主事から指導を受ける時間となりました。授業の流れについてはそれなりに評価していただいた後に、今でも忘れられない言葉をいただいたのでした。

「あの授業って誰でもできると思うのです。先生にしかできないようなオリジナリティを生かすようなことは考えつきませんでしたか？」

ほぼマニュアル通りの授業について、本当にそれでいいのか。もっと工夫ができたのではないかという示唆でした。

「あんまり真面目に先生になろうとしたらダメですよ。個性をどんどん子どもたちの前に出して楽しんでください。子どもたちは先生としてのあなたよりも、あなた自身をよく見ているのですからね」

これにはハッとさせられて、自分自身の個性についても目を向けるようになりました。

❸ 自分の強みを明らかにして教室で生かす

サッカーでいえばドリブルするよりもシュートを打つことが好き。バレーボールでいえば動き回りながら相手を攪乱してスパイクを打つことが好きでした。そして、何よりも全体を見渡しながら適切な指示を出す、いわゆるコーチングが好きです。

そして、ゲームが終わったときのことを常に考えたり、相手チームを観察したりしてシミュレーションすることも大好きでした。

「自分をよりよく知り、自分の特徴を生かして子どもたちの前に立っていたい」と願う

Point

自分の強みを明らかにして、教室で生かそう。

私に友人が『さあ、才能に目覚めよう　新版』（トム・ラス著、古屋博子翻訳　日本経済新聞出版社）を紹介してくれました。この本に付属しているアクセスコードからＷｅｂ上で質問（ストレングス・ファインダー）に答えると、自分の強みが明らかになります。もちろん、全てが当てはまっているとは思いませんが、発刊当時の２００１年と新版が出た２０１７年に共通する私の強みは「未来志向」「ポジティブ」「達成欲」の３つです。

なるほど「未来志向」は出会った子どもたちがどのように成長していくのかをイメージするのが好きなところに関連していそうです。「ポジティブ」という点では、子どもたちも含め人のポジティブな側面を大切にすることを心がけていることにもつながっています。さらに「達成欲」は、どんな状況でもあきらめず、それぞれの子どもたちと向き合おうとする気持ちが強いことにも大いに関連がありそうです。

私たちは、どうしても自分の苦手な部分や弱みに目が行ってしまい自信をもてなくなることもありますが、どうせですからポジティブな側面を大切に強みを生かそうとしながら子どもたちと向き合い続けたいものです。

2 得意分野で子どもたちと楽しむ

好きなことに取り組んでいるときの人の表情はキラキラと輝いて見える気がします。ちょっときついなと思うことも、好きなことだったら頑張れることもありますよね。好きだからこそ努力も苦にならないし没頭できる、いわゆるゾーンに入っている状態にもなります。それは、まさに好きこそものの上手なれです。

教師としてではなく、1人の人間として自分の得意分野をオープンにすると、教師自身の意外な一面が子どもたちにも理解できるようになり、不思議にもお互いの距離がグッと縮まるのです。

❶ 自分を大きく見せると苦しくなる

理想の教師像がなんだか曖昧なまま過ごした20代後半、「分かる授業」を意識しながら、どんな教科も教えなければいけないというプレッシャーの中で、自分を大きく見せてしまうようなところが多々ありました。

小学校教諭ですから、国語・算数・理科・社会の基本4教科のみならず、図工・音楽・家庭科・体育・道徳など多岐にわたる教科を担当することになります。

もちろん、全教科にわたってバランスよく教える技術をもっていれば何も問題はありませんが、私の場合はそうはうまくいきませんでした。体育は専門ということもありプレーも得意ですし、それなりに説明もできるのですが、ピアノは教員採用試験向けに練習したくらいで上手に弾くことはできません。それでも、できない自分を隠してよく見せようとするばかりで、毎日が苦しくなっていきました。

❷ 苦手分野は子どもたちとともに学ぶ

ここでも、先輩たちの言葉によって気持ちを楽にさせてもらう体験をしました。

「あなたの得意分野は体育だよね。私たちは体育専門じゃないけれど、それでも授業をするよね。あなたが音楽の授業で悩んでいることと同じなんだよね。大切なことは**子どもたちと一緒に学ぼうという姿勢**なんじゃないかな」

確かに私が学生時代に主に学んだ分野は体育です。サッカー・バレーボール・バスケットボールなどの球技運動学を中心にスポーツコーチ学や体育心理学・運動生理学などを学んでいました。よって、子どもたちがどうやってボールを上手に投げられるか、どうすれば素早く動くことができるかなど、デモを交えて解説ができますから多少なりとも専門性を生かすことができました。

ところが他の教科はそうはいきません。そこで知ったかぶりをせず、子どもたちとともに学び、そして多くの先生方からも学び続ける必要がありました。

❸ 自分の得意な分野で子どもたちと楽しむ

誰でも、自分の得意なことや好きなことを楽しんでいるときには楽しい気分でいられるものです。

ところが、小学校教諭の仕事となると、苦手なことにも取り組まなければいけません。私の場合、体育なら何も苦手意識は出てきませんが、音楽となると逃げたくなってしまいます。ピアノの伴奏をしなければいけないなんてことになったら、その場で倒れてしまいます。ですから、伴奏はＣＤプレーヤーにお任せして音楽の時間が楽しめるような雰囲気づくりに全力を尽くすことにしていましたが、これにも限界があります。そこで、**音楽は得意な先生にお願いして、その分、得意な体育の授業を私が担当する交換授業を積極的に取り入れることにしました。**

私の勤務した神奈川県の公立小学校は、どこも各学年3クラス規模で、時間割を工夫しながら一部を教科担任制にしていたこともあり、時数を考えながら交換を行っていました。

高学年の場合、私が3クラス全ての体育と書写を担当し、他の2人の担任が、社会・音楽と図工、学年付の先生が理科と家庭科をもつというように、それぞれの強みを生かしながら体制を整えて学びの場をつくっていきました。

こうすることで、専門外の部活動を担当させられて、教師にとっても子どもたちにとっても辛い毎日を過ごすというようなことはなくなります。

教師がお互いの得意分野で子どもたちに貢献する姿勢を見せれば、子どもたちも「自分も、得意分野で貢献すればいいいんだ」という思考が働くようになります。それぞれが得意分野を前面に押し出し、教室の中で居場所を見つけやすくなることにもつながります。

Point

得意分野で勝負して、教師も子どもも幸せになろう。

3 好きな分野から学びを借りてくる

「分かる授業ってどうやればできるのだろうか」「子どもたちが生き生きと楽しんでいる教室にするにはどうすればいいのだろうか」「どうすれば子どもたちと上手にコミュニケーションができるのだろうか」あれこれと試行錯誤しながらの毎日です。

「分かりやすい板書」「スッキリと子どもたちの頭の中に言葉が入る話し方」「子どもたちと楽しむ遊び」など書店の教育コーナーへ行っては本を手にします。ピンと来た本を買ってみて、そこにあるメソッドを導入してみるのですが、なんだかうまくいかない。

そんなときも、ヒントは教育以外の好きな分野に転がっていました。

❶ ザワザワと落ち着かない教室で

授業中、子どもたちがざわついているとなんだかイライラするものです。

「そこ！　静かに！」

と話をしている子たちに注意しますが、静かになるのは一瞬でしかありません。よく見ると手紙を回している子たちもいるし、ノートに落書きをしている子たちもいます。

困った私は、また注意することになります。そのたびに授業は止まってしまいます。ちゃんと座って勉強している子たちからは早く進めるように催促されるし、注意された子たちは早く休み時間にならないものだろうかと憮然とした表情です。

そんな毎日を送るのは、こちらもつらくて仕方がありませんでしたし、子どもたちにはなんだか申し訳ない気持ちでいっぱいでした。

❷ そもそものねらいを見失っていませんか？

週末は、グラウンドでジュニアサッカーのコーチをしてきました。その中で、いろんな背景をもったコーチの皆さんと出会いました。

試合の間や、時として開催される懇親会などでは、指導論が飛び交います。

スペインがワールドカップで優勝すれば、みんながスペインのサッカーに注目してメソッドを取り入れようとしますし、フィジカルが日本人に近いといわれたメキシコが注目されたらメキシコのサッカーをまねてみる。これはと思うメソッドを練習メニューに取り入れてみる。ネット上にあふれている新しいメソッドに出会えば即実践してみる。私自身もそうやって新しいメソッドをどんどん取り入れ、なんだか自分のコーチとしてのステータスが上がった気分になっていた頃、先輩コーチから釘を刺されます。

「その練習って、そもそもなんのためにやってる?」

「あの選手にとって、その練習は有効なのかい?」

確かに、ドリブル練習はドリブルがうまくなるためだけにやっていました。試合中、どのエリアで、どのように練習したドリブルを生かすことができるのかが分からないような状態です。おまけに個々の特徴を無視して、みんな一律に練習させているわけです。

このように、**メソッドを取り入れて満足してしまうと「そもそものねらい」はなんなのかを忘れてしまいがちです。**教育雑誌や書籍に紹介された実践をただまねするだけではうまくいかないのも同様ですね。

❸ 好きな分野からの気づきを大切に

もしも、教育雑誌や書籍でメソッドを追いかけ続けていたら、自ら考えることを忘れ、子どもたちが生き生きとする教室は生まれなかったかもしれません。

私の場合は、スポーツの現場での気づきが教室に生かされました。

例えば、同じ学年だけを毎日のように見ているのとは違い、グラウンドには幼稚園児から小学校6年生までが一緒にいます。小さな頃から技術に優れ活躍する選手がいます。その一方で、卒業間際にグッと力を伸ばす選手もいます。考えてみれば、**それぞれの子どもたちには身体的特性に違いがあり、技術を習得するにも映像や図からスッと学べる子もいれば文字や言葉から理解する子もいたのです。それぞれの子どもたちの成長するプロセスは全く違う**ので、個々に対応することを学びました。

ところが、毎日、同じ学年の子どもたちが教室にいて、同じペースで教科書を開き続ける子どもたちを前にする日々では、子どもたちの違いに気づくことはなかったのです。

同学年であっても、それぞれの子どもたちは様々なバックボーンをもちながら登校してくるのです。そんな個々の違いをしっかりと認識しながら教室で過ごせるようになったのもスポーツの現場でのリアルな学びがあったからでした。

Point

メソッドにしがみつかず、好きな分野からの気づきを教室に取り入れよう。

4 伴走者をもつ

何かにチャレンジしたら、結果を受け止めながら振り返りをします。日々の授業なら、授業の流れはどうだったのか。分かりやすい説明になっていたか。料理をつくったら材料はどうだったのか。手順はどうだったのかなど、様々なことを振り返って次回に生かす。そんな日々の振り返りが成長を促すのは皆さんも御承知の通りです。でも、1人で振り返るのは限界があるので、**適切な伴走者がいると客観的に自分を見つめ直すことができます。**

❶ 自分1人で頑張るのには限界がある

誰もが自分自身の力を高めようと研修を受けたり、日々の実践の振り返りをしたりしながら改善点を探し続けていると思います。若かりし頃の私も、子どもたちと過ごしながら日々の実践を振り返るということはしていたつもりなのですが、なんだかうまくいきませんでした。何ができていて、何ができていないのかばかりに目が行くだけで、なぜできたのか、なぜできなかったのかまで深く考える余裕がなかったのです。

そして、１人で考えるとついつい自分にとって都合のよい解釈をしてしまい、本当は改善すべき点を見ないふりをするなんてこともありました。

❷ 複数の視点で子どもたちを見る

自分にとって都合のよい解釈は一時的に自分を安心させるだけに過ぎませんでした。

そして、自分一人の視点だけでは、子どもたちの現状を把握するのには不十分だということが少しずつ分かってきました。

そんなときに経験したのが、サッカーの指導や我が家の子どもたちが中学生のときにお世話になったジュニアユースのサッカーチームでの出来事です。

私の秦野市U－12トレセン（選抜）スタッフとしてのシーズン最初の仕事は、トレセンに入るためのセレクションです。各チームからトレセン入りを目指す選手たちが数回にわたってセレクションにやって来ます。その際にトレセンとして大切にしていたことは、**で**

きる限り複数の視点で子どもたち一人ひとりを見ることでした。常時活動ではトレセンコーチは3名ですが、セレクション時は各チームからもコーチがやって来ます。

私自身はフォワード出身ですから、どちらかというと攻撃に関わるようなプレーに目が行ってしまうため、積極的にゴールを目指す選手ばかりを評価する傾向にありました。

その一方で、他のコーチは守備出身で、しっかりとした守備ができるか見ながら選手を評価するため、それぞれの意見が食い違うことが多々ありました。

そんなときに、他のコーチの視点も借りることで総合的な判断を下して40名の選手をトレセンに迎え入れることができたのです。

❸ 他者の視点を借りながら子どもたちを観察する

そんな経験もあって、より多くの視点から子どもたち一人ひとりを観察することの重要性に気づかされ、学校でも他の先生たちの視点を積極的に借りることにしました。

職員室にいる先生たちは全員伴走者であると言っても過言ではありません。まずは隣に座っている先生と話をすることをオススメします。

職員室の先生に話を聞いてもらうときに、頭の中をシンプルに整理するために気をつけていたことがあります。

・**何が起きたか?**…まずは何が起きたのか、事実に基づいてそのまま話します。
・**なぜそうなったと思うのか?**…次に、なぜそうなったのか。子どもへのアプローチが適切だったのか問います。
・**そのとき、どう感じたのか?**…何かをすることと感情はワンセットなので、そのときの気分を含めて振り返ります。
・**次に何をしたいのか?**…理想的な姿を思い描きながら、次の一手をできる限り鮮明にイメージします。

こうやって整理して話すことで、そのときの最善策を見つけていったのです。誰か1人に聞いてもらうのもいいかもしれませんが、私は時と場合に応じて複数の視点をお借りしながら、最後は自分で選択して行動することを心がけました。

Point

できる限り多くの視点を借りて、子どもたちや自分を振り返ろう。

5 限られた条件の中で全力を尽くす

「もっと時間があればいいのに」「もっと仲間がいればいいのに」「もっと空間があればいいのに」とないものねだりをしてしまうことってありますよね。

学校現場においても同じようなことは山ほどあります。

「時間がない」「人がいない」なんてこともあれば「カネがない」「モノがない」なんて思うことは確かにあるものです。ＩＣＴなどの環境が十分でないとできないこともあります。だからといって何もできないというわけではありません。

条件が整っていなければできないというのであれば、教師としても完璧でないと子どもたちの前に立てない…ということになってしまうような気がします。そんなことでは、理想の教師像を求めるばかりで自分を苦しめるだけだと思いませんか。

1 どこまで待てばできるのかな？

「どうも自信がないので勘弁してください」

新採用から2年目のこと、運動会の全体練習を指揮することになった私は職員室でこう弱音を吐いてしまいましたが、結局はやることになりました。８００人近くいる子どもを目の前にマイクを持って朝礼台の上から説明をする。子どもたちは私の指示を聞きながら動きますがなんだか様子がおかしい。下手な説明のおかげでどの方向へ動けばいいのか分からなくなってしまったようです。

朝礼台の上でしどろもどろになっている私に強面の大先輩が駆け寄ってきました。

「おい！　しっかりしろよ！　そんな説明じゃ分からないだろ！」

そう言われて更にパニックになった私の指示は、全体練習を長引かせる原因にもなってしまったのです。

しばらく自信をなくしてしまった私は、もうやりたくない旨を先生たちに伝えましたが、とある先輩の一言で目が覚めたのでした。

「なあ、どこまで待てばできるのかな？　完璧にできないからやらないってのは何か違うんじゃないかと思うんだよね。子どもたちは待ってくれないんだよ」

❷ 今できることを全力でやればいい

先輩はさらにこう続けます。

「ボクらはいつまで経っても未熟なままだよ。やればやるほど未熟で、まだまだ足りないってことが分かってくるんだよ。だからさ、今できることを全力でやればいい」

私は、スポーツの世界ではやればやるほど未完成の自分に気づいていたのに、どういうわけか教師という仕事のうえではビクビクしていました。

きっと子どもたちの前で大人として恥をかいてはいけないとか、保護者の皆さんからの評価とかを気にしすぎていたのかもしれませんが、ふと子ども時代の記憶がここでも蘇ってきました。少年サッカー時代のこと…

「もっとシンプルにさ、白い枠が見えるだろ、見えたら思いっきり打ったらいい」

そのときにもっている自分の最大の武器であるシュートでゴールを狙う。**何も全ての要素が整っていなくてもいい**のです。

❸ 限られた条件だから面白い

児童理解は完璧で、全ての子どもたちにとって分かりやすい授業ができ、校務分掌も完壁にこなすような理想の教師になれれば最高かもしれませんが、そう簡単にはいきません。もちろん、教師として必要な資質を磨こうと努力はしますが、そうそう全てが完璧に身につくわけではないのです。

身長はすぐに伸びないし、足もすぐには速くならないけれど、バレーボールやサッカーをそれなりに楽しむために工夫をたくさんしたわけです。おまけに試合は待ってくれませんから、その時の自分をカッコ悪くても全力でぶつけるしかないのです。

一生懸命さは子どもたちに伝わります。

どこかで最先端の理論や新たな教育手法を学んだところで、**そのときの自分を思いっきりぶつけることなくして、子どもたちは私たちを本当に受け入れることはない**ように思うのです。

Point

その瞬間の自分を全力でぶつけてみよう。

6 全ては自分の責任だと覚悟する

授業中、子どもたちがざわつくと、ついイライラしてしまいます。「静かに！」とおしゃべりをしている子どもたちに向かって少し大きな声で言うと教室は静まりかえりますが、静かな時間はあっという間に元通りどころか状況は悪化していくなんてことが多々ありました。

いつまで経っても改善されず、子どもたちが集中力を欠いている状況が長く続くとガッカリさせられるものです。このように、うまくいかない原因はどこにあるのでしょうか。

1 子どもたちの資質のせいにしていませんか？

職員室にいると、どこからともなく「今年の学年はいいよね」なんて声が聞こえることがあります。その「いい学年」がポジティブな意味であればいいのですが、そうでもないことが多々あるのです。子どもたちが従順で授業中も静かにいい子で座っている姿が美しい…というような口ぶりで、「騒がしい学年はハズレだ」とでも思っているかのようです。

私たち教師は、しっかりとしたものを子どもたちに提供しているので、それに応えないのは子どもの責任である。または、そう思いたいという空気が蔓延しているのです。

❷ 客が入らないのはなぜ？

2010年度、スポーツマネジメントの学びを教室に生かしたいと考えた私は、早大大学院へ進学します。その講義の中で語られたシビアな言葉が耳を離れません。

「サッカーの試合に客が入らないのは試合がつまらないからです。あるいはスタジアムに魅力がないからであって、お客さんに問題があるわけではありません」

確かに、店が流行らないのは客の資質のせいではなく、明らかにお店側のサービスや実際の商品に魅力がないのが問題なのです。

教師でいえば、**授業がつまらないから子どもたちはしゃべり続けてしまう**わけです。若かりし頃に先輩たちからはっきり言われていたことを、ここでも言われた私は、ようやくあきらめて「全ては自分自身の至らなさが原因だ」と腹を括ることにしました。

❸ 全ては自分の責任と開き直る

子どもたちがなんだか落ち着かない。

そんなとき、若かりし頃の私は子どもたちを叱責し続けていました。

「今は話を聞く時間でしょ。しっかりと聞こうよ」

そんなことを何度も伝えますが、子どもたちの様子はなかなか改善されません。

「なんでちゃんと話を聞かないのか」と、子どもたちに問いかけてみました。

日頃から、子どもたちと外でボールを蹴ったり、ドッジボールを楽しんだり、はたまた教室でけん玉を楽しんだりしていたおかげで、なんでも言えるような空気は教室にありましたから子どもたちはハッキリとボクの至らなさを突きます。

「だって、話も長いし、なんだか難しくてよく分かんないんだよ」

ハッキリと言われて多少なりともショックでしたが、これで目が覚めました。

それから、ザワザワしている子どもたちに対して**自分の至らなさもオープンにすることにしました。**

「ごめん、説明が悪かったみたいだから、もう一度話すね」

「ごめん、実はさ、今こんなことに困っているんだよ。どうすればいいと思う?」

それまでは、自分が子どもたちを動かすような感覚があったのだと思います。

「自分のクラスをつくるのは自分だ」

そんなおごりも正直あったのだと思います。

だからこそ、自分がやっていることは認めてもらいたかったし、自分自身の至らなさは逆に認めたくなかったのです。

自分の至らなさを素直にオープンにすることで、やっと子どもたちの視点に近づけたような気がしますし、子どもたちとのやりとりもスムーズになりました。

「先生も困っているから、一緒に考えてくれないかなあ」

至らないところを素直に指摘してもらえるようになったらしめたものです。子どもたちは遠慮なく痛いところを突いてくれますから、素直に耳を傾けるといいと思います。

Point

全ては自分の責任だと開き直ると、子どもたちとの距離がグッと縮まる。

7「一枚岩」の幻想を破る

その昔は、よい意味でも悪い意味でも「名物先生」がいたものです。子どもたちは毎日を担任と過ごすわけですから、影響を受けないわけがありません。小学校の場合で言えば、ほぼ毎日を担任と過ごすわけですから、担任のキャラは子どもたちに見事に反映されます。しかし、「最近はどこのクラスも同じようなクラスばかりでつまらない。どこもかしこも金太郎飴みたいだよね」というような声をよく聞きます。

子どもたちにとってはせっかくの1人の人生の先輩との出会いなのに、誰もが同じように子どもたちと接していたら、せっかく出会ったのにもったいないですよね。

❶ 教室は一枚岩だという勘違い

子どもたちに向けて言葉を発するときに、私は「全ての子どもたちが分かるように話しているから理解してもらえるはずだ」と信じていました。でも、現実は甘くありませんでした。今さっき話をしたばかりなのに、「先生、どこやるんですか?」「さっきの話ってなんだっけ?」なんて尋ねてくる子が後を絶たなかったのです。

「もう仕方ないなあ。ちゃんと話を聞かなきゃだめでしょ」と子どもたちを責めたこともありました。しかし、誰一人同じ子どもはいないのですから、全ての子どもに一度で理解してもらえるはずだという考え自体が間違いなのです。

それは、職員室の先生たちも同様です。子どもたちをみな一様のものと見ていたり、先生同士がみな同じような教育観で働いていたりして、自分の感覚を疑えなくなっていないでしょうか。それは、大いなる勘違いかもしれません。

❷ 間違った「チームとしての学級」「チーム学校」への違和感

私は長らくバレーボールやサッカーというチームスポーツの世界にも身を置いていたのは前述の通りです。ですから、自然に「スポーツチーム」と「学級」あるいは、「スポーツクラブ」と「学校」をつないで考えています。

ところが、「チーム一丸となって勝利を目指す」というような言葉が間違って理解されているのではないかと思うような場面にしばしば遭遇します。**「チーム一丸」という背景に「一人ひとりの選手が個性を十分に発揮しながら」という点が忘れられがち**なのです。例えばサッカーにおいて足の速い選手が一気に敵陣へ駆け上がるシーンがあります。ところが相手にボールを奪われてしまったので、駆け上がったスペースを突かれて失点してしまった。結果、コーチに怒られた選手は二度と自慢の足を生かすプレーをすることはなくなってしまうのです。

同じようなことは学校でも起こります。

例えば、ＩＣＴを活用することが得意な教師が、スマホやとタブレットなども駆使して授業をしていると、横やりが入るのです。

「先生、他のクラスと同じように授業を進めてください」

なんでそんなことを言われてしまうのかというと、みんなが同じようなことをしていればなんだか安心する人たちがいるからです。教室では「みんなちがってみんないい」と言っているのにおかしな話ですね。

ちょっと変わったことをしていると「先生、学校はチームなのですから、みんなで同じ方向を向いて、同じ方法で一体感をもって取り組んでください」なんてことを管理職から言われてしまう残念な学校もあるようです。

みんなが揃って同じようなことを言えることは、もちろん大切ですが、旧来から存在していた規則に縛られているのはどうかと思います。最近、取り沙汰されている「学校スタンダード」についても同じようなことが言えます。それは本当に一人ひとりの子どもたちにとってよい約束事になっているでしょうか。疑ってみることも重要なのではないかと私は思います。

3 ビジョン達成のために個を生かす

ただやみくもにスタンダードを壊し、突飛な方法を取り入れればいいのではありません。重要なのは、個々のクラスに合うようにスタンダードをカスタマイズすることです。

どの学校も、新年度のスタート時に学校のビジョンについて話し合われると思いますが、それは本当に機能しているでしょうか。前年度のままだったり、人事異動があったのに再確認をしなかったりしていないでしょうか。

そして、学級のビジョンは明確になっているでしょうか。

「いつも明るく元気よく」や「思いやりのある」でもいいのですが、それをどうやって達成するのかということを子どもたちと一緒に考えているでしょうか。

ビジョンを描いたら、具体的に何が必要かは教師が指示するのではなく、子どもたちにどうやって実現するのかを考えてもらいます。

「いつも明るく元気よくって、どんな感じなのかな。気持ちとか表情とかまでイメージしてみるといいかもしれないけれど、どんな感じだと思うか教えてくれる？」

そんな問いかけをすることで、一人ひとりが具体的なイメージを頭の中に描いていきます。「なんでもバリバリがんばっちゃう感じかなあ」「いつも笑っているよね」なんて言いながら両手両足を広げて「こんな感じ！」と満面の笑みを浮かべる子どもたち。

このように、**学校全体で足並みをそろえた理想の姿を求めてばかりではなく、子どもたちが求める理想の姿を子どもたち自身にイメージしてもらう時間が必要でした。**まずは子ども一人ひとりの思うような教室のあり方や行動の仕方について明らかにしてもらうことで、少しずつ「自分たちの教室は自分たちがつくる」という気持ちが芽生えてくるのです。

こうして**「教室の主役は子どもたちであること」を明確にします。**

Point

ビジョンを共有したら、子どもたちに教室を明け渡そう。

第5章

教師の個性が光る職員室のつくり方

教師たちが楽しそうじゃなければ，子どもたちだって楽しめません。逆に教師がいつでも穏やかで，なんだか楽しそうに笑っていると子どもたちもホッとして表情も弛みます。なんだかホンワカと温かい感じがして，居心地のよい教室になるのではないかと思うのです。「居心地のよい教室は職員室から」と言っても過言ではないでしょう。そのためには，もっと教師たち一人ひとりの個性を生かし，どの教師も輝く職員室環境をつくりあげるのがよいでしょう。

1 いろんな視点を借りてくる

「学校の先生」というと、皆さんはどんなイメージが湧くでしょうか。「熱中時代」の北野広大先生でしょうか（若い世代は知らない人も多いとは思いますが…）。「金八先生」の坂本金八先生でしょうか。それとも「スクールウォーズ」の滝沢賢治先生でしょうか。はたまた、各都道府県教育委員会が提示している理想の教師像でしょうか。モデルは1つではないのは当然のことですが、どういうわけか私たちは有名な実践に惹きつけられがちです。「こういう人が理想の先生だ」というような1つのモデルに縛られてしまってはいないでしょうか。

❶ 1つのモデルに縛られて

若かりし頃は、多くの先輩方の学級経営や授業を見せてもらいながら、見よう見まねでやっていくなんてこともありました。誰かの実践を、できる限り取り入れてやるというのも即効性はあるような気もするのですが、一時的に効果があるように感じただけかもしれません。とにかく1つのモデルに縛られて「こうあるべきだ」「こうでなければいけない」というような思いが強かっただけでした。

自分の考え方ややり方と同じような人を見つけては、ブラッシュアップしていくことがよいことだと思っているだけで、真逆の考え方をする先生たちとは時として激しく意見が対立することがあり、距離を置くようになってしまっていたこともあります。

また、**せっかく異年齢でいる職員室なのに同じような年代の先生たちとばかり話をして、先輩たちや後輩たちの距離ができてしまったことも**ありました。

これだと仲のよい内輪で盛り上がってしまうだけで、自分自身のことを客観的に振り返るとか、よりよいアイデアを出していくことも難しい状況だったのだと思います。

2 1人悶々と抱え込んでいないか

なんだかクラスが落ち着かない、授業中も騒がしいというようなときに、なんとかしたいと思って解決策を模索します。何かいいアイデアはないかと書店で教育書コーナーを回ります。

これは使えるかもしれないと思う書籍を手にしてあれこれとやってみますが、そう簡単にはうまくはいきません。それとなく職員室にいる先生たちに相談しようとします。ところが、日々、忙しそうにしている先生たちにはちょっと相談しにくいですし、まずは自分で考えないといけないかもしれないという思いが強すぎて、結果として1人で悶々と悩むことが多々ありました。

特に学校にICTが導入されコンピュータを使うようになってワープロソフトや表計算ソフト、そしてプレゼンテーションソフトなどを覚えなければならなかったときには、それこそ1人でマニュアルを見ながら、とてつもない時間を使ってしまいました。

日々の授業を設計するうえでも、まずは自分でやってみますが、なかなかよいアイデアは浮かばない。日々、子どもたちと接するにもどうすればいいのかなんだかよく分からない。そんな日々が続くのでした。

3 たった一言で視点は一気に広がる

職員室には多種多様な先生たちがいるものです。

朝からギターを弾きながら子どもたちと歌う先生。書写の教科書に出てくるような文字で板書をする先生。昼休みになると子どもたちと必ず50メートル走対決を何度も繰り返す先生。可愛いイラストをサササッと描いてプリントをつくる先生など、それぞれ得意技があるのです。私も同じようにやってみたいなって正直に思いますが、そう簡単ではありません。他の先生たちがもっている得意技を身につけるには膨大な時間を要します。

「なんか困ったことがあったら声かけてくださいね」

そんなふうに優しく伝えてくれる同僚の先生たちがいるのですから、その力を借りることにしました。**ポイントは勇気を出して「あの、ちょっと教えてもらいたいことあるんですけど」と言うだけでした。**

たった一言で、それぞれの先生たちがもつ視点も大いに借りることができるようになったのです。方法論を教わることもあれば、それぞれのもつ視点の違いを生かして、子どもたちをマルチアングルで捉えることができ、よりよい対応を探せるようになりました。

Point

他の視点を借りる勇気をもとう。

2 それぞれの強みと弱みを知る

職員室には、実は多種多彩な人材がいるのですが、仕事の話ばかりしているからでしょうか、残念ながら隣の先生の得意技を知らないなんてことは多いようです。なんだかもったいないですよね。

では、そんな強みや弱みを相互に知るにはどうすればいいのでしょうか。

皆さんの学校では、お互いの教育観とか人生観を語り合う時間はあるでしょうか。教師である前に自分自身のことを知ってもらう時間はあるでしょうか。

❶ 気がつけば仕事の話ばかり

職員室では、よくも悪くも子どもたちの話題が飛び交っていくものです。一般的な話題といえば、天気のことだったり、前日のスポーツの結果だったり、お互いのことを話すような余裕はありません。

ましてや、自分のことを語るなんて時間はそうとれるものではなく、他の先生たちが何を考えているかとか、日頃から大切にしていることはなんなのかを知るような機会はあまりありませんでした。それぞれの先生たちは、生まれた場所も違えば、ここまで歩んできた経緯も違います。そんな中で、様々な得意分野を身につけて教壇に立っているわけですが、そんな強みをオープンに知る機会はなかなかないのです。

❷ あなたが既にもっているものは何？

「引き出しが少なすぎて、どうも上手に子どもたちと接することができません。それに授業だって思うように展開できずに、困ってしまいます」

初任者だった頃に、ベテランの先生たちによく話していたことです。

「いやいや、そんなのは後からなんとかなるよ。若いんだから、その若さだけで十分だよ」

そんなふうに言われて妙に納得したものです。

今自分がもっているものを洗い出してみると、それらを全て自分がもっている資源とし

て捉えられるようになります。 それと同時に自分の苦手なこと（弱み）も見つかるので、その部分は他の方に補ってもらうようにしながら仕事を進めていきます。

このとき、**自分自身をできる限り素直に捉えておくようにしました。** どうしても、弱い部分を認めたくないという気持ちが邪魔をしてしまうからです。

❸「まじめに対話する時間」をやってみる

新学期のスタートに、**「まじめに対話する時間」** として90分間、対話する時間を学年の先生ともつようになりました。ルールは「言いたいことだけ言う。言いたくないことは言わない」「一生懸命聴く。聴き終わったら質問してよい」。よい話し手になり、よい聞き手になることを心がけ、しっかりと傾聴しながら、話しやすい空間をお互いに創っていきます。

質問項目は以下の通りです。

●質問1　自分はどんな人か？　自由に自己紹介。
●質問2　私の子ども時代、先生になる前はどんな人だった？　どんなことがあった？
●質問3　先生になったきっかけは？

まずは、教師である前にどんな人なのかを知り合います。そして、そんな人がどうして教師になったのかも知ります。

●質問4　今までで「先生になってよかったなー」と思うエピソードは？

●質問5　教科や授業でのこだわりは？　得意は？

そして、先生になってからのエピソードを紹介しあって、それぞれがどんな道を歩んで来たのかを知ります。

●質問6　ボクたちがいいチームになるために

これから1年間仕事をするうえで「こうしてほしい」「こうしたい」こと、「こうしてほしくない」「阻害要因となる」ことを明らかにしておきます。

最後は、90分の対話を振り返ります。

「聞いてもらえる安心感がいいですね」「視線を合わせて話してもらえるって気持ちがいいです」「意外な発見もありました。あー同じだとホッとさせられる話もありました」という声があがります。それぞれの特徴を惜しみなく出して、ともに過ごす準備は完了です。

Point

学習計画の前に、お互いのことを語り合おう。

3 自分の学びをオープンにする

個性が発揮される教室を目指しているのなら、職員室も協働的でありたいものです。これから一気に世代交代が進む教育現場において、それぞれの教師たちがもつ個々の力が十分に発揮される学校にするにはどうすればいいのでしょうか。

1 みんな同じだと、まずは一安心だけれど

学年の先生たちと足並みを揃えて子どもたちと向き合うことは、ある意味では大切なことです。ある程度、授業の進度を揃えることや教室の掲示物にも共通のルールがあるのは悪いことではありません。

ところが、どこの教室に入っても同じような状態で担任たちの個性が見えてこないとしたらどうでしょう。

ここで思い出すのが、とある元日本代表女子サッカー選手から言われた一言です。

「桑原さん、先生たちの組織って気持ち悪いことありませんか？」

前述のＪＦＡスポーツマネージャーズカレッジの中でおしゃべりしていたときに言われたことです。いろんな学校を訪問してはスポーツの素晴らしさを伝えてくれていた方なのですが、どこへ行っても研究会後の感想がありきたりで肯定的な意見ばかりが並ぶのに違和感があったのだそうです。

「今までやっていることを、そのまま踏襲するだけじゃ変化は起きないじゃないですか。それに先生たち一人ひとりの個性が本当に見えてこないんですよね」

教育関係者ではなく、常に世界と戦っているスポーツ界の方の言葉は、私がもっていた職員室像を一変させるほどインパクトを残しました。

❷ オープンマインドを知る

ＪＦＡの「サッカー選手・指導者の行動心得」にも書かれている大切なキーワードの中に**「オープンマインド」**という言葉が出てきます。

「自分を表現し、人の意見に耳を傾け、聞き入れる態度・姿勢をもつ」ということです。

サッカーの指導においても、何が正しくて何が間違っているというような議論はよく起こります。コーチ同士で指導を巡って激しい口論になることもあるわけですが、自分の意見をしっかりと伝え、相手の意見をよく聞く姿勢がなければ指導者としての成長は見込めません。

「オープンマインド」

この言葉は、サッカー選手や指導者のみならず、学校にいる子どもたちや私たち教育関係者、いや、どんな人でも大切にすべきマインドなのではないでしょうか。

❸ まずは自分がオープンになる

「個性が発揮できる職員室だったらいいなあ」

そう思ったときに何ができるだろうかと考えたときに、真っ先に思ったことは、**「とりあえず自分がオープンでいよう」**ということでした。

しかし、無理してオープンでいようとすると、ポジティブな側面ばかりを押し出してしまいそうになり、自分の苦手なことなどネガティブなことは隠してしまいそうになります。

そうならないよう、気楽に「とりあえずオープンでいる」くらいの気持ちでいることを心がけることにしました。

自分が学校外で得た知識は、できる限り惜しみなく公開します。サッカーの指導者講習で語られる子どもたちの姿は、同じ学齢期を過ごす小学生たちにも同じように適用できるわけですし、スポーツマネジメントで得たチームビルディングに関することや、環境デザインに関する資料などもそれとなく職員室の片隅に置いておきました。

「この前の講習会の資料、サーバーに入れておくから使えそうだったら使ってね。結構、いいこと書いてあったからさ」

というように、例え自分でお金をかけて参加した講習の資料もできる限り使ってもらえるようにしたのです。だって、自分だけのものにしてしまうのはもったいないですよね。**世の中にある便利なメソッドや知識などは、自分だけのものにしてしまっては、それ以上の発展は見込めません。**

お互いがオープンであることで、毎日のように相乗効果が生まれるような職員室でありたいものです。

Point

オープンな職員室を目指して、まずは自分がオープンになろう。

4 マルチアングルで最適解を探す

私たちは、ある意味で正解を求めることには慣れているのかもしれません。何かを解決するにも答えは1つだと考えがちです。

学級経営においても、たまたま出合ったメソッドを用いて問題解決を試みますが一向に改善する気配はなく泥沼にはまったような状況に陥ってしまうことは多々あります。

そんなときに他の先生たちの力を借りることができたらいいのですが、具体的にはどうすればいいのでしょうか。

❶ 自分だけで考えて迷路の中へ

「早く一人前の教師になりたいなあ」

そんなことを思って毎日を過ごしていた若かりし頃の私は、しょっちゅう迷路に迷い込んでいました。

先輩たちに話を聞いたり、書店の教育書コーナーで解決方法を探したりするのですが、一向によくなる気配はありません。

「いやいや大丈夫だ。クラスはうまくいっている」

と、できていないことは見ないようにして自分を正当化するような残念な面もありました。

そんな私を救ってくれたのは**「学年全体をみんなで見よう」**という姿勢でいてくれる大先輩たちでした。

❷ できる限り全てのクラスで授業をすること

25歳で正規採用されてから5年が経過し、2校目の小学校で2年目を迎えた頃、5年生を担任することになりました。学年は3クラスで、各クラス35名ほど。同じ学年を担当するのは担任の50代の2人の大先輩と40代の学年付きの先生でした。

「時間割を少し考えて、他のクラスの授業を全員がもてるようにしよう」

最初の学年会で学年主任さんから提案がありました。今まで音楽や図工などは専科の先生にお願いしていましたが、他の教科は自分でやって来ただけに正直、戸惑いました。

「自分たちのクラスだけじゃなくて学年全体の子どもたちと関わることが大切だよ」

なるほど、それはそうだと思いましたが、この時点では、そのメリットは全く理解できていませんでした。まだやったこともないわけですから、それもそのはずです。

結果として、私は全てのクラスの体育をもつことになり、学年主任さんは社会を、もう1人の担任の先生は家庭科と図工を担当することになりました。

先にも触れた、**ちょっとした教科担任制**の導入です。

❸ 複数でみることのよさ

子どもたち一人ひとりを観察するときに、自分1人だけだと偏った見方で終わってしまいます。結果として、「あの子ってこうだよね。どうしようもないよね」なんてことを職員室で大声で話しているような残念な教師もでてきてしまうのです。

そんな発言があったときに、日頃から複数で見るという仕組みが構築されていれば、そんな残念な言葉は聞かれることはなかったでしょう。

「そうは言うけどさ、私が見ていたときは、こんなこととして頑張っていたよ」

というように教科や場面、そして、担当する先生が違うと子どもたちは私の見えていないところで意外な側面を見せていることに気づかされるのです。

子どもたちにとっては、**場面によって相談ができる教師たちが複数いるということが安心材料にもなるようです。**

スポーツを日頃から楽しんでいる子どもたちは、他のクラスの子であっても私に相談にきますし、音楽の話なら隣のクラスを担任するピアノの上手な先生と話をするというように、先生たちがもつそれぞれの得意分野を子どもたちも理解するようになると更に安心感が生まれるようです。

そんな中で、ポロッと話す子どもたちの悩みなども共有がスムーズになるので、その時点での対応策を考えやすいという利点もあります。

独りよがりではなく複数の目で、より柔軟に子どもたち一人ひとりに寄り添うことができると、その時点での最適解が見つけやすくなります。

Point

1人で頑張らないで、マルチアングルで子どもたちを見よう。

5 その人にしかできないことにフォーカスする

「人はだれでもかけがえのない価値をもっている」（「イエナプラン20の原則」より）と言われるように、その人にしかない唯一無二の力が存在します。

私たち教員も同様で、それぞれの教師たちがかけがえのない価値をもっており、誰一人として「ダメな教師」などいないと私は考えています。

もしも、ダメな教師だと言われている人がいるとしたら、それはその教師自身、または周りの人たちが、その教師がもつ独自の特徴に気づいていないだけなのではないでしょうか。

❶ 誰かと自分を比べていた頃

少しずつキャリアを重ねてくると、様々な分野で優れた実践をしている先生たちに出会います。

中には、教育雑誌に毎回のように記事をあげている先生たちもいます。

私も、そんな先生たちの実践をまねてやってみることは多々ありましたが、うまくいかないこともありました。

そんなとき、「どうしてうまくいかないのだろうか？　センスがないのかも？」などと自分の力のなさを責める自分がいて苦しくなってしまったことがあります。

❷「できること」「できないこと」は人それぞれ

そんなときに助け船を出してくれたのは、周りにいる先生たちでした。

学年会や学校の帰り道、そして飲み会などで語られる中でありがたいと思っていたことの1つは「あなたはあなたでいいんだよ」というマインドを感じられることでした。

とてもお世話になった先輩たちの中でハヤブサを飼っている先生がいます。その先生は毎年のように5年生の国語「大造じいさんとガン」を学習する前後に実際のハヤブサを連れてきてくれてショーを開いてくれます。

そんな先輩もよく口にしてくれていたのが「それは、あなたにしかできないことだよね。

とてもじゃないけど私にはできないよ」という言葉です。確かに私は、サッカーやバレーボールをはじめとしたボール運動のデモンストレーションは得意ですし、子どもたちと関わるスタイルには私のオリジナリティがよく出ていたようです。

「できないことはあっていい」ということが分かるとグッと楽になりました。そして、「できること」にフォーカスするようにするとスーッと心が軽くなりました。

3 「自分にしかできないこと」に徹底的にフォーカスする

誰にでもできることじゃなくて、自分にしかできないことにフォーカスしてみることは大切なことだということを理解すると、周囲の先生たちの特徴に強い興味を抱くようになりました。

「この先生の得意なところや強みはなんだろう?」

そんなことを考えながら、実際に先生たちともおしゃべりしながら、それぞれの特徴を明らかにしてもらうようにしました。

みんなが同じ特徴をもって同じ力を出すというようなものではなく、オリジナリティを出せるような場づくりは必須です。

そもそも完璧な先生なんていないのですから、お互いに強みを生かして子どもたちのために尽力できればよいのだと思います。足りない部分はみんなでカバーすればよいのです。サッカーで言えば、ドリブルが得意な選手が相手ゴールへ向かって行ってもボールを奪われてしまったときに、後ろからサポートに入ることが得意な選手がボールを奪い返すというようなものです。

ここで大切なのは、**それぞれの教師が「自分の特徴を知る」と同時に「他の先生の特徴を知っている」ということです。**ですから、日頃から対話的な職員室の雰囲気をつくる姿勢でいることを大切にしたいものです。

そして、何よりも、一人ひとりの先生たちのオリジナリティを大切にすることです。そんな姿勢は、教室でも同じように一人ひとりの子どもたちのオリジナリティを大切にすることにつながります。

何度も言いますが、**「まずは、できることにフォーカスする」**ことが大切なのです。

Point

「自分にしかできないこと」を探してみよう。

6 学び続ける

教師という仕事に限らず「もうこれでいいや」と思ったら、停滞どころか時代の変化に追いつけず衰退していくとよく言われます。

確かに、ＩＣＴの普及をはじめ、グローバル化の進展かと思いきや米国や英国にみられるような国家主義が再び台頭し始めるなど、世界はめまぐるしく変化しています。地球規模の人口増加や気候変動によるとみられる災害も発生し、私たち人間は、何が起きるか分からない変化の激しい時代へと向かっているようです。

そんな中で、私たち教師は、どんな姿勢で日々を送ればいいのでしょうか。

❶ これくらいでいいのかな？

学級経営が順調にいっているように感じられる時期が年に数回あります。

そんなときに、「自分の実践が子どもたちにフィットしたのではないか」と安心していると見事に裏切られるなんてことが起こります。

子どもたちを信頼して任せてみたけれど、掃除は見事にサボっているとか、なかなか学習が進まないとか、いろんなことが起きるのです。

実は蓋を開けてみれば問題だらけだったということがあり、ショックを受けることもあります。これは、**完全にこちら側の「これでいいよね」という慢心によるものだと思います。しかし、ガッカリしている暇はありません。**

❷ 目の前で起きていることをどう見る？

目の前で起きていることを、自分にとって都合よく解釈してしまうことがよくあります。いわゆる「臭いものには蓋をする」というような行為なのですが、事実をしっかりと見詰めると自分自身の至らなさが鮮明になってしまい、嫌気がさしてしまうのです。

これまで何度も書いてきたように、土日に子どもたちとサッカーを楽しみながら、ゲームや子どもたち一人ひとりを分析する方法についても学ぶ機会がありました。

目の前でボールを相手チームに奪われた選手がいるとします。そこで考えなければいけないことは、その選手の技量もありますが、周りの選手のサポート。そして、ボールを奪われる前の選手一人ひとりのポジションがどうなっていたのかということです。指導者間の対話から、大切なことを教わったので紹介します。

「選手はミスを犯すものだ。そもそもスポーツはミスの連続だよね。だから、ミスしたことをそのまま叱ってはいけない。なぜそうなったのかを考えて、次に同じミスを犯さないようにすることが大切だ。また、**そのミスの原因はパーソナルな個人の力量によるものなのか、システムによるものなのかも切り分けて考えた方がいい**」

そう言われたときは目から鱗が落ちた思いになりました。

「何をしているんだ?」「もっとちゃんとやれ!」などというような姿勢でミスした選手を叱ってばかりいた自分が恥ずかしくなりました。

それからというもの、何か起きたときには、その**原因にフォーカスして打ち手を考える**ことを心がけるようになりました。そのうえで、**「今すぐできること」「今すぐにはできないこと」を考えながら選手たちにアドバイス**したのです。この体験は、教室においても大いに生かせることになります。

3 子どもたちとともに成長すること

どんな大ベテランでも、完璧な教師などいません。どんなプロスポーツ選手でも完璧な選手なんていません。もっと言えば、どの世界にも完璧な人などいないのです。

「あの人、完璧だよね」と思うときには、たまたま素晴らしい部分が見えているだけで、実はまだまだ改善するべきところは潜在しているのです。

シュートを打つのか、パスを出すのか、それともドリブルをするのか。

何をするにも正解などはありません。ただ、**そのときにいちばんいいと思われる答えを出して行動するしかない**わけです。

休み時間から紙工作に夢中になっていて、授業の準備を一向にしようとしない子を目の前にして、「〇〇くん、時間だからやめなさい」と言ったら、その後、1日中不機嫌になってしまい、注意してよかったのか悪かったのか分からない…なんてことがあります。はたまた、掃除の時間に廊下を走っている子に注意をしたら、実は他の子に追いかけられていて、注意する子を間違えていたというように、残念な言動をしてしまったことが多々あります。

若かりし頃は、そんなときでも自分を正当化してしまい、「でも、あなただって走っていたよね。掃除の時間は運動会じゃないぞ」なんて心ない一言を言ってしまったことがありました。

そんな私を変えてくれたのは、前述の「完璧な人なんていない」という言葉です。これによって、誤解があったときには、子どもたちに「ごめんなさい」と素直に言えるようになりました。さらに、

「ごめん。私が見えていなかったり気づかなかったりなんてこともあると思うんだよ。そんなときは、そっと教えてほしいんだよね」

という姿勢を言葉にして頻繁に伝えるようにしたことで、子どもたちも気軽に私の間違いを指摘してくれたり、もっとこうしたらいいんじゃないかというような提案を気軽にしてくれたりするようになりました。

こうして、子どもたちとともに日々進化する環境は整っていきました。子どもたちの目というのは凝り固まった私たち大人とは違い純粋でストレートですから、ドキッとすることもありますが、自分自身の成長のためにも彼らの視点を借りない手はありません。

Point

自分自身が日々是進化という姿勢でいると、子どもたちも変わる。

第 6 章

ともに子どもを育てる保護者・地域の力の生かし方

「子どもたちに幸せになってほしい」ということは，教職員・保護者・地域の皆さんをはじめとする大人たち共通の願いだと思います。ところが，時には子どもを巡って対立してしまうこともあります。学校と家庭で全く違う表情を見せる子も少なくありません。

子どもたち一人ひとりを中心に据えて，保護者の皆さん・教職員の皆さん・地域の皆さんなどを含む様々な人たちとともに歩むために必要なことはなんでしょうか。

1 子どもたちを支えるパートナーになる

子どもたちを中心に据えて、教職員と保護者、地域の皆さんがともに学びながら歩むことは本当に大切です。お互いに、その子の幸せを願う仲間なのですから当然だと思うのですが、うまくいかないことが多いのも現実ではないでしょうか。

特に保護者の皆さんとは、学校と家庭という切り分けをせず、同じ子どもたちを支えるパートナーでありたいものです。そのためには、どんな子どもであってもポジティブで率直なフィードバックをすることは欠かせません。子どもたち一人ひとりの価値を認めながら、その成長を支えるパートナーとしての視点をもつことが重要です。

❶「先生なんとかしてください」で意気消沈していた頃

子どもたちが下校してホッとしているところに、保護者から電話がかかってきます。

「うちの子が、○○くんにイヤなことをされたと泣いていますが、先生、何か知っていますか?」というような友人関係についての話もあれば、「うちの子、家でちっとも勉強しないいんで宿題を出してくれませんか」と学習に関する相談もあります。「もっと、ちゃんと見てくれませんか」と厳しい御意見をいただいたことも度々ありました。

そんなことが頻繁になると、自分自身の至らなさを責めてネガティブな感情ばかりが出てきてしまい、精神的にも本当にしんどくなってしまいます。

その頃の私は、子どもを学校と家庭の間に挟んでしまい、自分の非を素直に認めずに、家庭にも問題があるというような態度でいたこともあり、無用な反発も招いたのかもしれません。

❷ 子どもの成長を通して考える

スポーツマネジメントの学びの中で、Jリーグのクラブが開催する経営側とサポーターがクラブのあり方を話し合うクラブカンファレンスというものがあることを知りました。目的は、「理想のクラブ像を共有して、お互いができることを見つけて実行していく」というものです。

チームの成績が振るわないときにはサポーターからも厳しい意見が飛びますが、選手の補強のみならず、チーム運営の資金をどうするのか、サポーターができることはなんなのかを話し合っていきます。ここで大切なのは、一人ひとりが自己満足をすることではなく、クラブの発展を通して自分もハッピーになることです。

これを教室に置き換えて考えてみると、**子どもたちの成長を通して保護者も教師もハッピーになるということ**が大切だと思うのです。

❸ 子どもたちを支えるパートナーになるために必要なこと

では、保護者の皆さんと子どもたちを支えるパートナーになるためにはどうすればいいのでしょうか。毎日学級通信を出したり、頻繁に電話をしてコミュニケーションを図ったりすればいいのかというと、そういうわけではありません。

大切なことは、子どもたちをできるだけ同じような視点から捉え、ともに子どもたちの成長を支える立場であると伝えることです。

保護者から何かしら相談があったときには、どう見えているのか最後まで聞きます。

私たちは、ついついこちらの思いばかり伝えてしまいがちです。

私自身も「教育者である」というような妙なプライドが邪魔をして話を最後まで聞くことができないことが多々ありました。そんな姿勢が伝わってしまうと、せっかくの対話のチャンスも台無しになってしまうので気をつけたいと思っています。

「理解してから理解される」という言葉があるように**じっくりと聞いてから、こちらの思いを伝えることが基本です。**他者の思いを100パーセント理解することなんて到底できませんが、相手の思いを最後までじっくりと聞いてから、こちらの思いを伝えるようにしたいものです。

また、「答えは自分の中にある」ということを理解することも大切です。

こちらの要望通りに何かをしてもらうというマインドではなく、話をしているうちに相手が気づき、自ら選んで次の行動へとつなげていくように話をもとに整理するのです。

そして、何よりも大切なことは、**「ともに子どもの成長を支える仲間」だというマインドを言葉にして伝えることです。**根っこに仲間意識がきちんとあれば保護者の皆さんもパートナーになります。

Point

「ともに子どもの成長を支える仲間だ」というマインドを共有しよう。

2 多種多様なマンパワーを知る

保護者の皆さんや地域の皆さんには多種多彩な人材がいるのですが、その豊富な資源を私たちは十分に生かしきれていないのではないでしょうか。

私たちが、必死になって、たくさんの時間をかけて教材研究をしても専門家には到底かないません。なんでも自分で頑張ろうとしてしまうのは、私たち小学校教師の悪い癖なのかもしれませんね。

自分だけではどうにもならないことは皆さんの知恵を借りながら進めたいものです。

❶ 1人で頑張ると効率もクオリティも下がる

まずは初歩の初歩として、日々、教材研究を行い図画工作であれば試作品をつくるとか、理科であれば予備実験をするとか、様々な準備をします。

なんとかできたので、そのまま授業をするのですが、肝心のところが理解しきれずにいると実験は予想通りにはいきませんし、図工だと細やかな部分でのサポートが行き届かず、クオリティが下がることがありました。

2 「詳しい人を探したら?」と言われて

大学で全教科を一通り学んだものの、現場に出ると、苦手な教科は初歩のことしかできない力不足を痛感させられます。

「あのー、この実験どうすればいいのか分からないんですけど、教えてもらっていいですか」なんてことを聞くことも最初は躊躇してしまうものです。

そんなときに1人でウンウンと悩んでいても解決はしません。なんとか1人でやってみるぞという妙なプライドも邪魔をしてしまったのだと思います。

到底、全ての教科について専門家レベルまでの知識をもつことなんてできないのに、随分と意固地になって時間ばかりを浪費していたように思います。

そんなときに先輩たちによく言われたのが、**「詳しい人を探したらいいよ」**ということでした。もしも自分の勤務する学校にいなければ他の学校にいる先生を探す。あるいは科学館にいる先生たちの手を借りる。はたまた、地域の歴史家の先生につないでもらう。「困ったときはお互い様」ではありませんが、他者の力を借りてくるということも大切な能力だということを随分と教わりました。

❸ 大人だけでなく子どもたちの中にもいる専門家

ありがたいことに、私が長らく勤務していた神奈川県の伊勢原市は、県内でも有数の農業地帯であり、果樹園をはじめ田園地帯が広がるところでした。そんなわけで農家の方たちの力を借りることもしばしばありました。

5年生の社会で米づくりについて学ぶことがあり、いつもお世話になっていた農家の方に田植え、草取り、稲刈りなどの体験をさせてもらっていました。ある年、子どもたちから「苗の前がどうなっているのか知りたい」という話が出てきたので、早速連絡をとり、育苗の場面を見学させてもらうことにしました。

教科書にも工程は図でかかれているので説明しましたが、さすがに本物にはかないませんでした。実際の様子を見て子どもたちの目はキラキラと輝いていたのです。

ところで、**こうした外部講師のような存在の大人ばかりが専門家かというとそんなこと**

はありません。例えば、体操教室に通っていて難易度の高い後方宙返りができる子がいます。体育が得意な私にも偏りがあり、器械運動系は少し苦手意識があるのでデモンストレーションを見せることはできませんから、いつも動画を見せて取り組んでもらっていましたが、体操教室に通って競技会にまで出場している子に実際の演技を見せてもらった方が効果的です。野球クラブにいるホームランバッターにバッティングのコツを教えてもらうなんてこともありましたし、バスケットボールが得意な子にドリブルの基本を説明してもらうこともありました。

こんなときは自分で説明するよりも、子どもたちから説明してもらった方が効果も高かったように感じます。

困ったときには１人で必死になって考え込まずに、「専門家はいませんか？」と尋ねてみることが大切なのではないでしょうか。

Point

潜んでいる多種多様なマンパワーを掘り出そう。

3 地域の資源を洗い出す

毎日のように学校へ通勤するのに、意外に学校周辺のことがよく分かっていないことはありませんか。春になれば、どこにツクシが生えているとか、夏になれば、どこに虫たちがいるとか、秋になればどこにドングリが落ちているとか、子どもたちの学びの場ともなる学校周辺の魅力を私たちは案外知らないようです。

もちろん、長いこと地域に存在する学校であればある程度の情報が蓄積されていると思いますが、それはひょっとすると過去のものかもしれませんし、見る人が違えば、思いも寄らぬ発見があるかもしれません。

1 毎日、自宅と学校をなんとなく往復しているだけ

いつもの道をいつもの時間に自動車で走る日々を繰り返していた頃がありました。

電車やバスで通うには時間もかかるし、子どもたちを保育園へ迎えに行くというようなミッションもありましたから、仕方のない部分はありました。

今思えば、せめて学区内だけでもスピードを落として走るとか、時には車を止めて学びにつながるようなことを発見しておきたかったなと感じます。特に自然は、その瞬間でなければ観察することができないことが多く、ちょっと時期を逃すと花は枯れてしまっていたり、実も落ちてしまっていたりするものです。

生活科や総合的な学習の時間、理科や社会においては実物を見たり、実際の場面を見たりすることが重要ですが、教科書や資料を見ながら説明を繰り返すばかりでつまらない授業をしていたものだと恥ずかしい気分になります。

❷ 地域を歩くことの大切さを知る

どこの学校にも研究者タイプの先生が複数いるのではないでしょうか。

私が勤務していた学校でも、野鳥観察や天体観測の専門家、地域の歴史研究家の先生たちがいました。

そんな先生たちに共通していたのは、**とにかく足を使って歩く**ということです。野鳥観察にしても、天体観測にしても地域の歴史研究にしても、とにかくあちらこちらを移動します。時にはじっくりと1カ所に留まって長い時間そこにいて観察を続けます。

「今日は、あの川の所にカワセミが飛んでいたよ」とか「ツバメが来たみたいだねえ」とか「あの田んぼにアオサギがいたよ」とか、発見したことを教えてくれます。

もちろん、野鳥のことだけに留まらず、どこそこの川縁に芝桜が咲き始めたとか、蕗の薹が出ているとか、いろんなことを教えてくれるのです。

「ああ、実際に地域を観察して回るってことは大切なんだな」

そう感じた私もできる限り学校の行き帰りに少しスピードを落として、あるいは途中で車を止めて教材になりそうな場所を探すようになりました。

❸ 子どもたちから情報をもらう

地域で何かを発見すると、ついつい子どもたちに話したくなるものです。

「昨日の帰りにさ、こんなところを見つけたんだよね」と自慢げに言うと、子どもたちからは意外な言葉が返ってくるというか、「そうだよね。そんなのみんなの方が知っているよね」なんて反応があるものです。

日頃から、そこに住んでいる子どもたちですから、他地域に暮らす私などよりも裏道も知っているし、いろんなお店のことも知っている。しかも、どこにどんな生き物が暮らしているかなどもよく知っているのです。

「あのさ、今日は外へ自然探しにいくんだけど、どこかいいところ教えて」

理科や生活科の学習で自然観察をする前に教室で子どもたちに尋ねてみます。

「土手のところにツクシがいっぱいあるよ」

「黄色いラッパすいせんは郵便局の横で咲いているよ」

など、子どもたちが登下校中に見つけてくる多くの情報が集まります。

とはいえ、子どもたちばかりに頼ってはいけないので、自ら地域を歩いてみたり、自転車でグルグルと走り回ったりすることも大切です。気分転換にもなりますし、情報収集にもなりますからオススメです。

Point

子どもたちから情報をもらいながら、散歩に出かけてみよう。

4 関係者とベクトルを合わせる

子どもを中心において、その子を支える周囲の関係者を想像してみてください。その子にとってよりよい環境はどうあるべきでしょうか。

私たち教師や保護者の皆さん、放課後や休日でお世話になっている習い事の先生やスポーツクラブのコーチの皆さん、それぞれがベクトルを合わせることができたらいいのですが、現実はなかなか難しいものです。私自身、時には保護者、スポーツクラブのコーチなどとも激しく意見が対立してしまったことがありました。

子どもたちが主体的な人生を送るためにも「高性能自立型エンジン」を搭載してもらいたいと願う私にとっては、関係者との対話も必須条件でした。

では、どんなふうに子どもたちを支える皆さんと接してきたのか、少し紹介したいと思います。

第6章
ともに子どもを育てる
保護者・地域の力の生かし方

1 妙なプライドは不要

子どもを中心にして、その子自身の幸せを願いながら毎日を過ごせたら理想的です。子どもたちの周りには様々な関係者が存在します。

日々、学校で一人ひとりの子どもたちと向き合う私たち教師と、家庭で一人ひとりの子どもと向き合う保護者、さらにはピアノや絵画などの習い事の先生、スイミング、サッカー、野球、バスケットボールやバレーボールのコーチなど、子どもたちは個々の状況に応じて多くの関係者に囲まれて毎日を過ごしています。

そんな子どもたちを幸せに導くはずの関係者同士が、1人の子どもを巡って対立してしまうなんてことも経験してきました。

「学校の先生の言うことなんて聞かなくていいよ」

そんな残念な言葉を保護者やスポーツクラブのコーチから言われてしまい、妙に対抗心を燃やしてしまったことがあります。私とそれら関係者の間に挟まってしまった子どもたちには申し訳ないと言う他ありません。

私自身、小学校教師として、またサッカーコーチとしての専門性を自負していたことで妙なプライドをもって彼らと接していたことが子ども自身を混乱させてしまった原因です。

❷ どんな人からも学び続けることの大切さ

「学ぶことをやめたら、教えることをやめなければならない」

これは、日本で開催されたサッカー指導者養成プロジェクトにおいて、元フランス代表監督ロジェ・ルメールさんがおっしゃった有名な言葉です。

年齢を重ねたり、少しでも専門性をかじっていたりすることで妙なプライドが邪魔をして他の人の意見や提言を素直に聞くことができないなんてことはないでしょうか。

各種講習会やセミナーなどの講師だけでなく、目の前にいる子どもたちや、その子どもたちを支える保護者の皆さんや関係者も、「師」であり、いろいろなことを教えてくれる大切な存在です。

なのに、妙なプライドが邪魔をして新たな学びの機会や今までの自分にはない新たな視座に立てるチャンスを失うことがあるのなら、それは本当にもったいないことです。

❸ オープンマインドをもち、同じアングルからともに考える

そこで、保護者との個人面談のスタイルを変えてみることにしました。

かつて私は子どもたちのポジティブな側面を上手に伝えきれず、一方的に保護者に対し

て学校からの連絡事項を伝えるような面談ばかりしていました。

「こっちは、こんなふうにやっていて子どもたちはこうなっています」

「結果、今はこんな状況なので、ここを改善していきたいので協力してください」

と一方通行だったのです。正直、家庭との連携ということをよく理解していませんでした。

中には私から伝えられる子どもの様子にガッカリして教室をあとにする保護者もいて、歯がゆい個人面談でした。翌日の子どもたちは、どことなく緊張した感じで登場します。

「あー、家で怒られちゃったのかなあ」って考えると、とてもイヤなものでした。

もっと子育ての悩みにも寄り添いたいし、子どもたちのモチベーションを上げたいのに逆のことをしてしまっています。本来、保護者の皆さんは、子どもたちの成長を促すための仲間です。

これを解決するのは難しいことに思えますが、**実はまず物理的に目線をそろえることでかなり話しやすくなるものです。**私は、長いこと保護者と正面で向き合ってお話をするスタイルで実施してきたのですが、**90度で座って話をする方法**を取り入れることにしました。お互いの距離感が縮まるし、ほぼ同じアングルで課題解決に向けた話ができると考えました。

ヒントは寿司屋のカウンターにありました。真横に座ると近すぎるのですが、**カウンターの角を挟んで座ると話しやすいのです。**保護者と対話するにはもってこいのポジションだと思って取り入れると、正対しているときよりもグンと話しやすくなり、おしゃべり感覚で進みます。子どもたちの姿をベースに理想の姿を共有し、打つ手を具体的に考えることができます。

「ご家庭ではこんなことをしてはどうでしょう?」

「そうですね!　やってみます!」

「学校ではこんな感じでサポートしますね」

「これからもよろしくお願いします」

というように、座る位置を変えるだけで、和やかにベクトルを合わせることができるようになっていきました。

Point

オープンマインドで、同じアングルから改善策を共有しよう。

第 7 章

教師として走り続けるための心と身体のつくり方

私は，教師として大切なことは，「やり方」ではなく「あり方」だと思っています。自分自身が教師である前に１人の人間だということを忘れないようにしたいものです。

どんな職業でも，人としての生き方がそのまま仕事に滲み出てしまうものです。私たち教師も，日頃の姿勢がそのまま教室に反映されてしまうものだと思っています。ですからまずは，自分の身体を大切にすること，自分自身を振り返りながら日々成長することを忘れたくはありません。

1 生活スタイルをチェックする

毎日のように夜遅くまで働いて、朝はなんとなく元気もなく疲れている表情で教室に入る。いくら頑張っても結果が出ていない気がしてしまう。そうして悲壮感が漂っているような表情でいると子どもたちだってテンションが下がります。

年々、多忙化する学校現場は体調を崩したり、メンタルに不調を訴えたりして休んでしまう先生たちの数も年々増えてしまっています。これは本当に残念なことだと思うのです。毎日、子どもたちの前で元気な笑顔でいるためには、どんなことが大切なのでしょうか。私自身の体験を踏まえてともに考えてもらえたらと思います。

1 何も考えずに過ごしていたら壊れてしまった身体

25歳で正規として小学校に採用されて働き始めてから、だんだん疎かになったことがあります。それは、**自分の身体との対話**です。

結婚して共働きをしながら子育てにも割と熱心に取り組んできましたし、教師としても年々、力量を求められるようになりプレッシャーもあったのかもしれませんが、暴飲暴食を繰り返すこともあり体重はみるみる増えていきました。

もともと体育会運動部員でしたから、身体をコントロールすることなどは簡単なことだと慢心していたことも災いして、知らず知らずのうちに学生時代よりも最大で15kgほど体重が増えてしまったのです。

なんだか体調が優れない日も増え、イライラすると大好きなお酒を飲む。飲み出すと今度は甘いものを食べたくなるので負のスパイラルは続きます。

割と繊細に自分の身体と向き合っていたはずなのに、いつの間にか疎かになってしまい体調を崩して休んでしまう日も増えていきました。

❷「食事」「運動」「休養」の大切さを再考する

生活習慣の基本は、「バランスのよい食事」「適度な運動」「十分な休養と睡眠」の健康3原則を守ることだと言われます。

保健の学習や家庭科、栄養指導などでも子どもたちは学ぶ機会があります。当然、私は授業をする側だったのですが、意外にも自分自身のこととはつなげずに教えていたなと反省しています。

「皆さん、バランスのよい食事を心がけましょう」

と言いつつ、自分自身はできていなかったわけですから、実感が湧きませんし説得力もありません。

「先生、お酒ばっかり飲んでちゃダメだよ」

そんなことを言われてしまったことを思い出すと今でも恥ずかしくて仕方がありません。

元々、身体を動かすことは好きなのでジョギングをしたり、サッカーやバレーボールには定期的に親しんでいました。ですから適度な運動の機会には恵まれていました。でも、肝心の食事については、家族は気にしてくれていたのにジャンクフードなど余計なものを自ら摂取してしまっていたのです。

さらに、休養・睡眠にもあまり気を遣うことはありませんでした。

睡眠時間は6時間が標準で4時間30分なんて日も多く、ゴールデンタイムにしっかりと眠ることができていないわけですから体調も崩しがちでした。

③ 教師である前に人として生活スタイルを見直す

教育者としてどんなに様々な知見をもっている先生がいたとしても、毎日、元気な笑顔で子どもたちとともに過ごすことができないとしたらどうでしょうか。

「どんなにトレーニングをしたって、食事をおろそかにしていたら、よいパフォーマンスは生まれません。結果が出ない選手は、たいていの場合、食事がいいかげんです」

お世話になったパーソナルトレーニングジムのトレーナーさんから口を酸っぱくして言われてからは、低糖質高たんぱくの食事を心がけるようになりました。結果として筋肉量がアップし身体は動きやすくシャープになり、運動がしやすい身体になったおかげで日中は子どもたちとも動き回るので夜もよく眠れるようになりました。

考えてみれば生活習慣の基本の第一は「バランスのよい食事」ですから、毎日を生きるベースとなる食事は一大事です。**なんだか教室でうまくいかない原因は、教師としての力量不足ではなく、目の前のお皿のうえにある食事かもしれません。**

私たちは教師である前に人だということを忘れてはいけないのではないでしょうか。

Point

教室改善の前に自分の生活スタイルを見直そう。

2 動き回れる身体を大切にする

前述の通り、毎日、子どもたちとともに楽しみながら様々なチャレンジをし続けるには、生活スタイルを見直して心身ともに健康でいることが大切です。

私自身も20代の頃は多少の無茶をしてもなんとか子どもたちの前に立っていられることができましたが、30代、40代、50代と年齢を重ねる度に無理ができなくなっていきます。

20代の先生たちには、今から将来を見据えて身体づくりを心がけてほしいと思いますし、中堅の皆さんで身体がなまってきたと思ったら生活スタイルを見直してほしいものです。さらに50代、60代まで現場に立つ先生たちにも、今一度、身体を見つめ直していただけたらと強く願っています。いろんな年代の先生たちが元気いっぱいに過ごしていたら子どもたちにも笑顔があふれることでしょう。

❶ なぜ「姿勢よく」なのか

私たちは、子どもたちに姿勢よく話を聞くように伝えることがあります。

「背筋ピン」というのは、私自身は好きではありませんが、**「姿勢をよくすると、どんなよいことがあるかな？」**と子どもたちによく聞きます。

疲れない座り方とか、身体の巧緻性につながる基本姿勢などについて説明することもよくあります。でも、それは**見栄えがよくなるように姿勢を正すということが目的ではなく、身体のパフォーマンスを最大限発揮することが目的**です。サッカーやバレーボールなどのスポーツでも基本姿勢は大切で、ボールを触るよりも重要です。よく回る駒は、軸がしっかりと安定していますよね。それと同じように、自分の身体の軸がしっかりとしていないと毎日、元気に動き続けることなんてできません。

❷ 日頃の心がけだけでも身体は整う

とはいえ、なかなか皆さん忙しい毎日を過ごしているので運動不足に陥っているかもしれません。

私も、時間をなんとか捻りだして身体を動かすことを心がけていましたが、意志の弱さもあるのか継続しませんでした。

そんなとき、市教委主催の研修で姿勢の大切さを教わる機会に恵まれました。

「背筋を伸ばして立つには、どこに力を入れたらいいと思いますか?」

という質問に、「腹筋に力を入れて腰を伸ばす感じで立てばいいよね」というように単純に考えていた私に講師の先生はこう言います。

「内腿に力を入れてみてください」

やってみると、お尻の筋肉である大臀筋がグッと締まります。それにつられて腰が一段高くなったように背筋が自然に伸びるようになりました。

「そうか、**意識するポイントを覚えてしまえばいいんだな**」

と妙に納得してからは、立つときには内腿に力を入れる姿勢でいるようにしました。

何も定期的にジムに通ったり、毎日のようにジョギングしたりする必要もありません。

教室にいる間に姿勢に気をつけて立つことで腰痛や肩こりも改善されるようになります。

❸ 元気な姿は子どもたちに伝染する

毎日、自分の健康状態をチェックするようになってから、それまでときどき起きていた腰痛や肩こりもなくなってイライラすることも激減しました。

子どもたちの前で笑顔が増えると教室の雰囲気も和みます。こちらが難しそうな顔をしていれば、子どもたちだって硬くなってしまうわけですから、やはり教師である私の表情は大切だなと痛感したのでした。

姿勢がよくなると身体にも変化が現れ、随分と大きくなっていた身体もスリムになりました。こうなると教室でも動きやすくなるので、あっちへこっちへと動き回ることができますから、急に用事のある先生が来ても、すぐに私を見つけることができないなんてことも頻繁に起こります。

「くわまん（私のあだ名）、ちょっと来て」と子どもたちに呼ばれたときにも以前の私だったら、「そっちがおいでよ」などと言っていましたが、こちらからサッと動いて子どもたちのところへ移動するようになりました。**そんな姿は、子どもたちが教室で活発に動き回るよいモデルになったようです。**

Point

身体を見つめ直して、軽快に動けるようになろう。

3 自身を振り返りながら歩む

日々の出来事を冷静に振り返る時間はとても重要だと言われます。

人によって方法は違うとは思いますが、1日のうち、どこかでまとまった時間を取ることも有効なことは皆さんもご存知かと思います。

「リフレクション」に関する本は世の中にもたくさんありますから、詳しくはそちらに譲りますが、自分なりのスタイルで自身を振り返る時間をつくるにはどうすればいいのでしょうか。人にはそれぞれのリズムがありますから、夜は一度リセットして翌朝にゆったりとなんて人もいれば、逆に忘れないうちに夕方から夜にかけてなんて人もいるでしょう。方法は人それぞれでいいと思っています。

まずは誰かの方法を参考にしながらトライしてみることをオススメします。

第7章
教師として走り続けるための心と身体のつくり方

1 自分に原因はないと思っていた頃

若かりし頃の私は、授業がうまくいかない、なんだか学級が落ち着かない原因を子どもたちに押しつけてしまっていたことは前述の通りです。今になって思い出すだけでも恥ずかしくなってしまいます。

「なんだか教室が落ち着かないなあ。やり方に問題があるのかなあ」というように、やっと自分自身の方法や考え方に問題があるのではないかと認められるようになるまでには、だいぶ時間がかかりました。どうしても妙なプライドが邪魔をしてしまっていたのだと思います。何かがうまくいかないときに人のせいにしてしまうのは、単に自分から逃げていただけだとも思うのです。

2 サッカー指導のM－T－Mに学ぶ振り返り

サッカーの指導者講習会でよく紹介される「M－T－M」という概念があります。

簡単に言うと「試合→トレーニング→試合という流れを大切にしましょう」ということです。しっかりと分析しながら個々のストロングポイントやウィークポイントを探す。

そのうえで全体練習メニューや個人の練習メニューを決めていくのです。

日本サッカー協会では、代表戦や各年代の主要な試合を分析しながら、よかった点や改善点を明確にしてテクニカルレポートを発行しています。

戦術はどうだったのか。選手の個々の技術はどうだったのか。フィジカル面での課題は何かというように多角的な分析があり、その後の強化策や育成方法に関する提言が毎回のように出てくるのです。

これらを見るとピッチ上にいる選手とベンチにいるコーチングスタッフだけでなく、科学的な見地からトレーニングや選手の栄養について考えるスタッフ、そして、映像分析をするアナリストなど多くの関係者によって一つひとつのゲームを振り返っていることが分かります。

❸ より多くの人と教室を振り返ってみる

こうしたスポーツからの学びは、日々の教室のあり方を振り返るという大きなヒントになりました。

研究授業のみならず、**日々の教室について関わる多くの先生に聞いてみることにする**のです。学年の全ての先生が全てのクラスに入れるような教科担当を決めることでも情報共有は進みますが、それだけでなく**他の先生にも「ちょっと見に来てもらえませんか」と気軽に声かけをして教室に来てもらう**のです。

職員室には個性的な先生たちがいるわけですから、様々な反応が返ってきます。もちろん、肯定的に捉えてくれる先生もいますが、ただ、「いいんじゃないですか」というだけでなく、「ここはどうなっているのでしょう?」と質問してもらい私自身の曖昧な部分をクリアにしてもらうことも多々ありました。逆に「これってなんか違うよな」と疑問をぶつけていただくこともありました。それでも、たくさんの質問に応えていくうちに、それぞれの疑問が解消されて次の日をポジティブに迎えることが多かったと思っています。

そして何よりも子どもたちによるフィードバックがありがたいものでした。一斉授業のスタイルではないので、子どもたちの中にまざっている毎日でしたから、自然と子どもたちとの距離が近くなり、先生というよりも「くわまん」として接してもらえたことでタイムリーに反応があるわけです。中には、痛烈なパンチを浴びせられるような厳しい一言もいただきましたが、それは糧として大切な機会だと捉えています。

Point

関わる多くの人たちに、気軽に話を聞いてみよう。

4 完璧な教師になろうとしない

「いつになってもなんだか自信をもてないのです。どうしたらいいでしょうか」

そんな声を同僚や後輩たちから聞くことがあります。

「いったいどんな先生を目指しているのだい？」

と聞くと決まって教育関連の本を出しているような有名な先生たちの話題になります。

そういった先生たちはカリスマ性があるような感じがしますから、憧れるのは仕方のないことですね。

でも、そもそも完璧な教師なんているのでしょうか。

❶ 有名な実践家から学ぶということ

私も若かりし頃は、教育雑誌や有名な実践家の著書を片手に明日の授業を考えることをしていました。

まずは、よさそうな実践を取り入れてみると、なんだか新しい自分になった気がして一時的に自信をもてるのですが、それは本当に一時的でなんだか長続きしないのです。

早く多くの引き出しがほしいと思っていて焦ってばかりいたこともありますし、**「子どもたちに何かを提供しなくては」という思いが強すぎた**のです。

❷ 誰にでも通用するようなものはない

よくよく考えてみれば、多くの先生の実践は参考になりますが、目の前にいる子どもたちが違うわけですから、そっくりそのまま取り入れてもなんだか違和感があるのは当然です。

せっかく他の実践をまねて教室で子どもたちと向き合っても改善が見られない教室の状況に自信をなくしてしまったことも少なくありません。

理想と現実のギャップに苦しんでしまったわけですが、よく考えてみると他者の実践にだって、文章にはあらわれない多くの苦労や困難があったはずなのです。

サッカーの指導者セミナーで講師が言い放った言葉が今でも耳から離れません。

「この通りにやって見事に改善されるなら全てのチームがよくなっているよね」

確かにその通りです。

「チーム力があがる○○流育成術」とか「最強の○○メソッド」なる本は、ちょっとしたガイドとすることが大切です。必ずしも全ての選手には当てはまらないわけですから、まずは目の前にある生の情報を見ながら、自分にできることからチャレンジすればいいのだと思うようになり、グッと気分も楽になりました。

❸ いつまで経っても未完成だから楽しい

自分のことを振り返ってみると、ついつい理想の姿を追いかけすぎてしまったり、誰かと比較してしまったりして自信を失うことがあります。せっかく楽しい教室なのに、いつの間にか自分にとって苦しいばかりの教室になってしまっていたのです。

私の尊敬するサッカー選手は、同い年であるキングカズこと三浦知良選手です。三浦選手は50代になってもなおJリーグで活躍しています。

彼があるドキュメンタリー番組で語った「30歳は小僧だね」という言葉が今でも強烈に印象に残っています。あれだけの名声を得た選手でさえ、未だに完成形ではなく、今なお先頭を切ってトレーニングに励む姿勢には学ぶことがたくさんあります。

何年か教壇に立ち、なんとなく自分のスタイルが見つかって、ちょっぴり自信が深まると「これが○○流だからもういいんだよ」と思いがちです。

ところが、時代は変化するし、目の前にいる子どもたちは毎年のように変わるので、私たちも常に変化しなければなりません。

私が新採用として教壇に立った頃には、インターネット黎明期でしたし、まだまだ一家に一台コンピュータがあるような環境ではありませんでした。それが今やスマホでサッと動画を見ることができる時代なのに、未だに黒板の前に立ち、昔ながらのスタイルでチョークを持ち続ける理由はないのではないでしょうか。

年を重ねるごとに時代の変化についていけなくなってしまう感覚は私にもありますが、だからといって「これが自分流だ」「完成だ」とは思いたくありません。

いつまで経っても未完成だからチャレンジを続ける楽しみがあるわけですから、ありがたいことだと感謝して目の前のことに全力で取り組めたらいいなと思っています。

Point

どこまで行っても未完成と心得てチャレンジを楽しもう。

5　存在するなら進化しろ

「存在するなら進化しろ」

この言葉に出会ったのは2013年のこと。

六本木ヒルズ近くにあるプライベートパーソナルトレーニングジム「デポルターレクラブ」のキャッチコピーです。開設した当時から毎年のように進化し続ける「デポルターレ」は、大学院時代の学友が代表であることもあり、私も一時期、会員としてお世話になりました。ここでの学びは、トレーニングを通して再び自分と向き合うことで「ありのままの自分」を素直に見つめることができるようになったことでした。

❶ ちょっとした過去の栄光に縛られて

アスリートのように毎日ボールを追いかける日々が続いた私の大学生時代は、もう30年も前のこと。ある程度の競技歴を残した満足感と妙なプライドが邪魔をして、立ち止まっていたような時期があります。

新採用から13年を経過した頃には、いったん現場を離れて教育センターへ勤務することになり、それまでの実践も少し認められたのだといい気になっていた自分もいました。

しかしその度に、自分の中でモヤモヤが増幅しては「なんか違うんだよな」という思いがたまりにたまって大きなストレスになったのでした。

ちょっとした過去の栄光は、いい思い出にはなっても未来にとっては邪魔になることがあるようです。

「あの頃はよかったな。でも今は…」なんて思い始めるともう大変ですから、スパッと忘れた方がいいのです。

❷「ありのまま」でいいけれど

スポーツの世界でも、やればやるほど終わりがなく、教育の現場でもやればやるほど完成形は見えず、どこまで行ってもチャレンジする毎日です。

でも、そのときの自分自身と全力で向き合って「ありのままの自分」を知ることは大切なことです。

ところが**「ありのままの自分」というのは少々厄介です。「これが私なんだからいいじゃないか」と、開き直ってしまうことがあるからです。**

ついつい私も意固地になってしまい、他者からの指摘を上手に受け入れられないなんてことはよくありました。できない自分を認めたくないという気持ちもありました。

「今もっているものを全て捨てたときに、何が残るかな」

「タマネギを剥いていくと、最後に緑色の部分が残っていることがあるね。そこに何が残っているだろうか」

そんな質問を先輩からされたことがあります。

「自分のもっているモノやポジションを全て捨ててみたときに、何が見えるだろうか」という指摘ですが、これがなかなか苦しいのです。

脚色することなく「ありのままの自分」を素直に見つめることになるとネガティブな感情も湧いてきて、「あーなんて自分はダメな人なのだろうか」という気持ちになり、酷く落ち込むこともあるからです。

3 「今この瞬間に全力でやれること」に集中する

私は自信を失い学校へ行けなくなる日もあったわけですが、**「自分の思い描く完璧な自分を捨て去ること」が少しずつできるようになり、グッと気持ちが楽になりました。**

そんな気持ちになれたのも、サッカーやバレーボールなどスポーツのおかげです。

もっと身長が高ければとか、もっと瞬発力のある筋肉を持ち合わせていたらとか、ないものねだりをしていても試合の日はやって来るのです。

バレーボールだと、背の高い相手チームの選手を見てあきらめても仕方がありません。高さがない分、どこから出てくるか分からないようにステップに変化をかけながらジャンプしたり、高さのあるブロッカーの肘の外側や指先を狙ってブロックアウトを狙ったりします。

サッカーであれば、一瞬のスピードがないことを逆に利用して動くタイミングを工夫し、相手のマークを外してシュートを打つなど、いろいろな工夫ができるのです。

よくある理想の選手像などをいい意味で無視しつつ、自分のスタイルを生かしながら全力でプレーしたり、トレーニングしたりすることで、嘘のない、その時点での「ありのままの自分」が明らかになっていくのです。

そのときに自ら明らかにできた課題と多くの人たちからのフィードバックをもらうことで見えてきた課題を整理していくことができると、確実に次のチャンスに修正をかけることができます。

私たち、教員の世界にも正解はありません。あるのは、その時点でベストだと思われる答えがあるだけだと私は思っています。子どもたちは目の前で常に動き続けているわけですから、いちいち立ち止まっている時間はありません。「これはまずかったな」と思うようなことでも、ボールを失ったことを嘆いて立ち止まる暇はないのです。ボールを奪われたら全力で奪い返しにいくように、すぐにできることを探してリカバリーに努めればいいのです。

「今の自分を全力でぶつけてみる」

そんな気持ちをもって日々、子どもたちと向き合えたら幸せです。

Point

「今の自分」を全力でぶつけ進化し続けよう。

おわりに

「スポーツには力があります」

昨年はラグビーワールドカップが日本で開催され一大ブームとなりました。

ひたむきに全力でプレーする各国の選手たちを観ながら感動し、なんだか勇気をもらった皆さんも多いのではないでしょうか。

そして、今年はいよいよ東京オリンピック・パラリンピックが開催されます。

ここでも様々なドラマが展開されることを想像するだけでワクワクします。

私は、実際にプレーする選手、選手を支える関係者、応援する人々の姿を観察しながら学ぶ機会と捉えて今から楽しみで仕方ありません。

そして…

「学校にも力があります」

子どもたちは、毎日、ワクワクしながら学校にやって来ます。

本が好きな子は、一目散に図書室や教室にある本を手にしてページをめくるでしょう。

友だちと話すことが好きな子は、一目散に誰かを見つけて話し始めるでしょう。ブランコが好きな子は、ダッシュでブランコへ向かって走り出すでしょう。

「学力を高めるにはどうするのか」「いじめのない学校にするにはどうするのか」というような視点もたしかに重要ですが、その前に「子どもたちの一人ひとりの物語」を大切にしたいものです。

つまり、みんながみんな一生懸命に勉強するとか、じっと机に座って先生の話を聞いているとか、なにもしゃべらずに給食を食べているとか、清掃活動をしているとか、一律の固定的な姿だけで考えてはいけないと思うのです。

それぞれの子どもたちが、その瞬間に「一人ひとりの物語」を紡いでいることを忘れてはいけません。

そして、私たち教師も同じように毎日、自分自身の物語の中で生きています。

まったく違う人たちが学校へ集まって1日を過ごし、「あー今日も楽しかったなあ」と帰宅できるような日々を送ることが理想ですよね。

私にとって学校は、毎日がスタジアムやアリーナへ行って試合を楽しんで帰ってくるような場所です。プレーヤーとしてピッチで走り回ることもあれば、コーチーングスタッフとしてベンチにいることもある。そして、観客として他のプレーヤーがゲームを楽しんでいるところをみる。さらにチームを支える全ての人たちとのパイプ役になることもある。自分自身の得意なことや好きなことを生かしながら毎日を過ごすことが何よりも幸せなのです。

本編でも述べたように、皆さんにも「一人ひとりの物語」があり、得意なことや好きなことを思う存分に生かしながら学校で楽しんでくれたらいいなと思っています。

そのためにも、大切だなと思うキーワードを最後にお伝えします。この3つさえあれば人生はなんとかなると私は信じて毎日を生きています。

「チャレンジ」「リスペクト」「スマイル」

皆さんも、毎日いろんなチャレンジをされていると思いますし、子どもたちのチャレンジを見ていると思います。安心してチャレンジができる環境にはリスペクトが必要です。自分だけでなく他者の「一人ひとりの物語を大切にする」ことがリスペクトだと私は信じています。リスペクトを感じることができると安心してチャレンジができます。

そして、それはみんなの笑顔「スマイル」につながると強く信じています。

いよいよ最終ページになりました。

本書を手に取って、あるいはポチッとしてくれて、長々とページをめくってくれた皆さんに感謝いたします。本当にありがとうございます。

さて、本書が提供する次の3つは、きちんと皆さんに届いたでしょうか。

❶自分自身が大切にしていることは何かを再考する。

❷自分自身の得意なことや好きなことを仕事に生かす方法を考える。

❸「一人ひとりの物語」を大切にして生きることについて考える。

いつまで経っても未完成で進化の途中にいる私が、このような本を執筆していいのかと思いながらキーボードを打ち続けて長い時間を要してしまいましたが、こうしてチャレンジをさせてもらえたことに感謝しています。これも大切な私の物語の1つです。

これからも、より多くの皆さんと出会い、学び続けて毎日を楽しめたらいいなと思っています。私に関わる全ての皆さんに感謝いたします。ありがとうございました。

「人生という名のボールは転がり続ける」

2020年2月　桑原　昌之

【著者紹介】

桑原　昌之（くわはら　まさゆき）

1967年生まれ。

「人生という名のボールは転がり続ける。」

子どもの頃からサッカーやバレーボールなどの球技に親しみながら成長し小学校教諭となる。

1992年より神奈川県伊勢原市内の公立小学校教諭，総括教諭，伊勢原市教育センター研修指導主事などを歴任。

2008年度に「JFA（日本サッカー協会）Sports Managers College 本講座」を受講したことから授業スタイルを一斉授業から対話型へと変える。2010年度には「早稲田大学大学院スポーツ科学研究科」を修了しスポーツマネジメントの観点からも学校を見つめ直す。2012年夏，オランダでイエナプランに触れ公立小学校に導入できないかとチャレンジ。現在は長野県南佐久郡佐久穂町にある学校法人茂来学園大日向小学校の校長を務める。

ブログ：https://on-the-ball.jp

どの子も輝く教室のつくり方

2020年３月初版第１刷刊　ⓒ著　者　桑　原　昌　之

発行者　藤　原　光　政

発行所　明治図書出版株式会社

http://www.meijitosho.co.jp

（企画）小松由梨香（校正）大内奈々子

〒114-0023　東京都北区滝野川7-46-1

振替00160-5-151318　電話03(5907)6701

ご注文窓口　電話03(5907)6668

＊検印省略　組版所　株　式　会　社　カ　シ　ヨ

Printed in Japan　ISBN978-4-18-298717-5